哈佛
领导课

THE TOOLS OF LEADERSHIP

【英】马克斯·兰茨伯格 著 卞学光 等 译

红旗出版社

The Tools of Leadership

目录

导　言

领导者就是希望的经营者。

——拿破仑

本部分同样以精简的篇幅介绍了领导一个小组、团队或组织的各种技巧，这些技巧均可以切实掌握并在实践中加以运用。我认为领导才能的高低并非主要是个人魅力之间的较量！

本部分每章都侧重讨论一个不同的领导技巧，首先是对这一技巧的简单描述，再举例说明如何运用——以阿历克斯充满传奇的职场经历为例，分析他如何使一个经营不佳的广告代理公司起死回生。

进一步说，本部分的主题就是：

领导＝愿景×感召×动力

撰写本部分内容以前，我曾一直盼望已经有人就这个主题进行著作了。当时，我已辞去麦肯锡管理咨询公司合伙人一职，开始组建企业高阶教练服务机构。但遗憾的是，我一直找不到关于领导才能方面合适的书籍推荐给我的客户。

现在市面上的此类书籍，大多只略述了某些著名将军和政治家们的非凡才能，这些例子固然引人入胜，但作为课本使用却显得远离生活，难以让人信服也不实用（令人高兴的是，纽约前市长朱利安尼所撰的《领导力》一书当属例外）。其他一些书专门作为练习之用，里面有大量的题目清单要读者逐项打钩完成——我想，常常略过这些练习不做的人决不止我一个吧。

因此我希望本部分的内容使你对这个主题有全新的认识，即本部分关注的是领导才能而非领导者本身，集中探讨可以通过学习获得的领导才能而非纯粹的个人魅力或练习清单。

尽管如此，我还要提醒各位读者，本部分并不讨论领导才能是否可习得。我认为这种才能是可以通过学习而获得的——因为在过去的 25 年中，我已亲眼目睹许多人培养了这些才能。

我同意朱利安尼的观点，“领导才能并非从天而降，它是可以传授，学习并发展的”；我也同意足球明星迈克尔·欧文所说的话，“我不清楚踢足球到底是靠天分还是靠后天培养，但有一点是肯定的，我练得越勤，踢得就越好。”

让我们回到公式上来吧：

领导 = 愿景 × 感召 × 动力

团体中的任何一员，只要有出色的眼力，能够激励他人，保持员工工作的动力，就肯定可以被视为团队的领导。我相信这是一个领导所应具备的最重要的三大技能。尽管许多个人品质，如个人魅力，也可以帮助更好地带领团队，但领导才能毕竟不是个人魅力之间的较量。相比之下，可以习得的技能更为重要（如果你平时能得心应手地应用这些技能，你的领袖魅力就自然会大大增加）。

现在我们大多数人都具备一项突出的才能。你可能更善于运用智力上和艺术上的技巧使自己具有独到的眼力，或具备“销售员”特有的那种面对面感召顾客的能力，又或者像“部门经理”一样拥有维持员工动力的才能。但是领导才能的挑战性在于要从简单的起点开始，掌握这三方面全部的技巧。这就是为什么这三个词是相乘的关系——而不是单纯的累加。

本部分的前四章详细阐述了这个重要公式的内容，并介绍了领导的预备工作——比如，你是否准备开始一项新的工程或担任新的职务。第五至十二章阐述公式中的三个组成部分。最后六章论述了领导才能广义上所包含的诸多方面，比如委派任务与掌握时机的能力、影响力、建立企业文化以及发展个人领导事业的能力。

本部分按照版式要求，描绘了一个富于戏剧性的故事，并在每章结尾处总结相关的领导技巧。此外还穿插了其他的主题。

我们都必须肩负领导的责任。领导权并非专属行政主管或军队的将军。我们每个人都会不由自主地置身于一个必须在某个特定时间领导某事的境地：我们带领家庭和朋友，领导共事的团队、小型企业或跨国公司。在这个日益充满机遇的世界，在这个需要个人积极进取的时代，领导才能是所有人都应培养的一项终身生活技能，可以帮助我们发挥自己的潜能，摆脱心中因跟着他人亦步亦趋而常有的挫折感。

我希望本部分内容可以帮助施展您的领导才能——令您成为

一个领域中的先锋人物，否则您可能只是一个“跟随者”、“管理者”或“受雇者”。成为一个有影响力、负责任的领导者无疑可以获得更多的自由和满足，当然成功的事业也会随之而来。

在本章中，
阿历克斯的美好计划得到了检验。

第 1 章
VIM：愿景、感召和动力

蒂克诺尤公司是一家苦苦挣扎的广告公司，它聘用阿历克斯担任执行总裁，就是为了挽救自己，不过阿历克斯上任的第一天并不顺心。

当然，阿历克斯原本应该是更加自信的。刚刚过了而立之年，以名列前茅的成绩毕业于商业学校，在工作了八年的一家消费品公司担任过高级职务，他有理由更加自信。

不过，他却放弃了与前雇主共事所拥有的那份安逸。面对着摆脱大公司桎梏的诱惑，他欣然接受了由自己担任领导的机会。同时，考虑到他的朋友似乎都在创办自己的网络公司，阿历克斯觉得他也应该舍弃这份安逸，去进行商业冒险。阿历克斯被别人管理得太多太多了，现在他想证明自己完全可以成为一名领导者。

可是，由于道格——蒂克诺尤的客户总监——不停地向他泼冷水，阿历克斯开始认识到今后所要面对的巨大挑战。同广告界相比，阿历克斯刚刚离开的那个行业似乎要斯文得多。

“你把这个叫作计划？”道格挥舞着那份令人不快的文件，终于吼了起来，“这只不过是一份封皮精美的Excel电子表格！这种东西也许能帮助你挽救一家消费品公司，但在广告业却一点儿用都没有。广告业的主题是人！”

阿历克斯强压怒火，没有理会道格挑衅性的凝视，也忍住了没有再提那份“复兴”计划——这份计划可是阿历克斯上任一个月来辛辛苦苦整理出来的结果。

阿历克斯知道道格也想当执行总裁。为了表示友好，并指望他对道格的信任会促成彼此之间的和解，阿历克斯特地送给道格一份计划的样本——还有一份样本则被送给了创意部主管桑德拉。

“这只不过是一串数字——目标、比率和期限，”道格坚持说道，“没有人会为了一个该死的比率而全力以赴。用数字描述也许有用，但用数字领导却不行！”

“我非常欣赏你的……嗯……直率，”阿历克斯回敬道，“我会向董事会陈述你的意见。不过，让我们先弄清楚一件事，”他断然说道，“我并不介意你满口的牢骚，甚至也不介意你的大吼大叫。不过，下次你最好能再加上一些有用的东西。我们还有六个月的时间来使这家公司起死回生，顶多六个月！但我一个人做不来，你也一样。我们必须齐心协力。所以，让我们达成一个协议，我们可以冲彼此大吼大叫。不过，只有——只有当我们能提出一些建设性提议的时候，我们才可以这么做。”

道格离开后，阿历克斯用手指敲击着他的办公桌，陷入了沉思。那天下午的晚些时候，阿历克斯还要与极具创造力的桑德拉会面，他预料到会面肯定会有麻烦。但他希望道格有更大的容人之量，他主管那些与客户直接打交道的客户负责人。阿历克斯更习惯于“复兴”计划中所固有的目标和管理规定。

再想想其他主管，阿历克斯都不知道对他们应该抱有什么样的期望。特里主管媒介——主要负责购买电视广告时间和杂志中的短小专栏，当他看到这份计划时，他一定会支持吗？弗兰克主管策划——主要做市场分析和消费者调查，对于那些数字和比率，他一定会觉得很自在吗？卢克主管信息传达——保证其他部门按时获得各种广告活动的信息，他又会有什么样的反对意见呢？

然而，当阿历克斯和桑德拉会面时，他却大吃一惊。

阿历克斯问桑德拉对计划有什么意见，她含糊地答道：“我想这个计划也许有用。”

“真的吗？”阿历克斯问道，他几乎不敢相信自己这么快就赢得了这家公司颇有影响的一位主管的支持。“那么，在你看来，我们可以实现这些目标？”

“噢，我并不了解这些目标，”桑德拉答道，“这些目标和数字，我们一直都是交给财务人员负责的。毕竟，数字是由小人物负责的。”

“但这可是挽救整个公司的计划呀，”阿历克斯喊道，“你是公司中最重要的人之一……没有你，我们实施不了这个计划……对于这些具体目标能否实现，想必你一定有某些看法！”

“对不起，阿历克斯，我确实没什么信心。那份计划全是数字，但这家公司的真正挽救之道在于一个突破、一项真正富有创造性的计划、一项令公司有所斩获的计划。事实上，我们需要增加经费，而不是减少经费。”

阿历克斯最终放弃了谈话，回到了自己的办公室。他掏出掌上电脑，查起了他的前同事兼顾问迈克尔的电话号码。

也许这一计划确实需要做更多的工作，当阿历克斯准备打电话征求迈克尔的建议时，他这么想道，也许这一计划中数字和管理的成分太多，关于如何领导却涉及不足——这一计划没有足够的想象力，也不够振奋人心。

在他拿起电话前，电话却响了起来。

打电话的是财务主管斯蒂夫：“银行刚刚打电话说想和我们碰个面。他们想要我们偿还贷款，这意味着公司得关门。”

领导力的本质

领导力的本质是在一群人中创造出愿景、感召和动力的能力。

领导人们的不是计划和分析，而是愿景、感召和动力的统一体。就真正有效的领导者而言，其所作所为几乎都是围绕着创造愿景、感召和动力——运用不同的技巧来创造统一体的各个要素。

1. 愿景：对组织的未来和实现目标的途径的积极描述。为了创造出共同的愿景，领导者总是渴望获得新颖的想法，这些想法还要符合组织的战略。此外，领导者还应十分精明以至于能够产生好的想法。不过，问题的关键在于，领导者还要有足够的想象力，将这些想法转变成激起兴趣、富有意义、切实可行的描绘和表述。

2. 感召：组织中个体的感召，是促使人们有所作为的力量。领导者运用处理人际关系的技巧，来激励自己的下属，帮助他们认识到可以从实现目标的过程和目标的实现中获得怎样的收益。领导者还帮助自己的部属认识到“道，成了肉身”。

3. 动力：组织的计划方案的动力，是支撑组织到达目的地的力量。通过运用自己的能量和解决问题的技巧，领导者使任务沿着正确的方向前进。

在所有这三个方面，真正的领导者均能获得极大的成功。愿景家不是领导者，如果他不能激发下属的斗志。动力维持者也不是领导者，如果他不能创造出共同的愿景。

所以，无论是对小团队，还是对大公司而言：

领导 = 愿景 × 感召 × 动力

在这个统一体中，正如我们所要看到的，领导者与“管理者”的不同之处就在于，领导者具有创造共同愿景和激发组织斗志的能力。

愿景、感召和动力

有效的领导者能够在他们的团队中创造出大量的愿景、感召和动力。

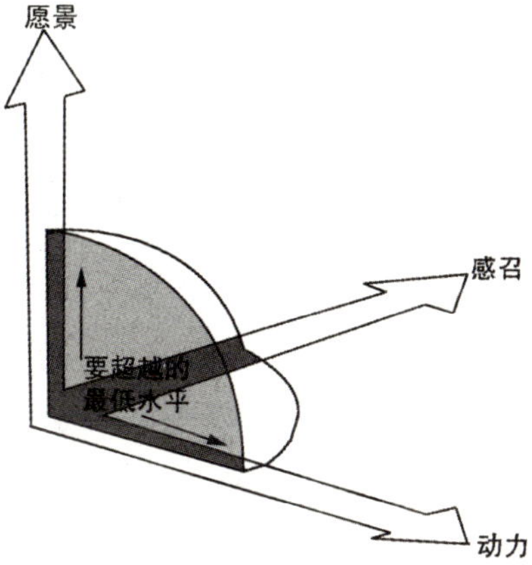

注：有效的领导者通常——虽然不是始终——从创造愿景开始，然后再激发斗志和动力。

练习

运用附录 1 来画出你当前的领导能力测验图，并思考扩展测验图的方法。

尽管拥有神的启示，“讲话含糊不清者”鲜能聚拢群众。

在本章中，
阿历克斯分清了手段和特性。

第 2 章
领导技巧：形势、手段与特性

那天晚些时候，阿历克斯和迈克尔小酌了几杯，席间进行了一番认真的交谈。他们相识了四年，在他们共事的公司，迈克尔一直是阿历克斯的非正式顾问。当迈克尔问起阿历克斯新角色进入得如何时，阿历克斯问他们可否见面谈这个问题。

“那么给我讲讲你的这个计划。”迈克尔问道。

“我有六个月的时间来救活这家公司，”阿历克斯开始说道，“六个月之后，我们就一分钱都没有了，就这么简单。我们必须增加收入，整合公司，大大提高它的效率，削减开支。”阿历克斯伸手到公文包中取他的计划，“有十条关键措施……”

“别拿你的文件了，”迈克尔打断道，“你只要告诉我你现在打算怎么做。”

“那好吧……在过去几年中，这家公司失去的客户一直要比它赢得的新客户多。它还丧失了创意优势。然而，这家公司却很守旧，他们从不削减开支，也从不解雇任何人。结果，他们所有的比率都不符合广告业的标准。我的‘复兴’计划的中心在于，使这些比率至少回到一般标准。每个客户负责人的营业额必须增长 10%，每个创意人员的产量平均也必须提高 10%。”

“我算过了，我需要削减 1000 万英镑的开支，提高销售额，这样，创意人员的产量就能提高 10%。我把这个计划称为‘10-10’[1]计划，原因也在于此。”

“那么你有什么顾虑呢？”迈克尔问道。

“我所定的目标没有任何问题，”阿历克斯答道，“这些目标绝对是合理的，这点我敢打包票。我的问题在于，公司里的每个人似乎都很不愿意合作。对于阻力，我早有心理准备。不过，在做好这种心理准备的同时，我也期望着他们会有更大的激情。我想，现在令我担心的是，我到底能否激发他们的斗志？”

“这真的是你的顾虑，阿历克斯？”

阿历克斯犹豫了一下。“我想，我并不知道我是否具备领导这家公司所不可或缺的一些条件。”他最终承认道，“在我的职业生涯中，迄今为止，我一直可以依仗精明的计划、严格的期限和一支充满活力的团队来完成我的工作。但这项工作却需要更多

[1] 在英文中，1000 万英镑则表示是 10 个百万英镑（10 million pounds），所以此处为“10-10”计划。——译者注

的东西——像领袖气质这样的东西。至于我是否具备足够的领袖气质，我真的没有把握。”

“听起来，挑战主要在于领导能力，而不是领袖气质。”

“但这两者无疑是有关系的。”阿历克斯应声说道。

“不错，他们确实有关系，”迈克尔回答道，“不过，人们在谈论领导能力时，往往非常混乱。他们最后会提出一大堆的观点——其中一些观点确实有着紧密的关系，还有一些则没什么关系。”

“你还是给我一个听得懂的解释吧。”阿历克斯说道。

“好吧。假设领导者知道公司或者团队的总体目标是什么，拿你来说，就是挽救公司。而且，你还形成了策略的基本原则——在电话中，你告诉我，你必须使整个公司更富有创造力，而不能使创造力仅仅局限于创意部门。除了确定目标和期限外，你还提到了你能做的其他几件事。

“不过，现在让我们谈谈领导能力——领导能力并不完全是像领袖气质这样的个人特性。

“如果你思考一下领导能力，你就会发现领导能力包括这样几个方面。首先，通过与别人的合作，你得拥有一些由领导者创造出的东西，包括：对公司未来或者团队未来的愿景；那些必须实施改革的人（或者那些可能必须设计出部分改革方案的人）的动力；各种方案所需要的感召。如果你愿意的话，你可以把这三样东西称为‘集体目标产品’。

“领导能力的第二个方面包括，领导者本人为了确保创造出这些集体目标产品而采取的行动。比如，提出愿景的草案，通过与其他人检验这一草案来对其做出改进，或者鼓励人们发挥积极性，应付不可避免的对改革的抵制。这些行动是‘实现目标的手段’。对于做这些事而言，有一些久经证明的技巧——而且这些技巧是可以学会的。

“领导能力的第三个方面是一名领导者所具有和所运用的个人特性的混合物——比如，具有领袖气质、富有冒险精神和原则性强。理想的特性可以列出一长串，几乎没有哪个领导者具备所有这些特性。但领导能力并不是领袖气质的竞争，”迈克尔继续说道，“这也正是你必须对领导能力的三个方面予以区分的原因所在。只要你想，你就可以设法改变自己的个人特性——设法变得更富有‘领袖气质’。不过，如果你注重将我所提到的技巧运用于实践，那么你将更快地成为一名有效的领导者。”

阿历克斯心想他听懂了迈克尔的话：“我想，我一直所考虑的只是商业逻辑——对愿景和动力思考得不够。对于如何吸引人们，我考虑得也不够，因为我对自己的领袖气质缺乏自信。但你刚才说，要成为一名领导者，并不需要像纳尔逊·曼德拉那样的领袖气质？”

“当然，领袖气质是有帮助的，”迈克尔答道，“不过，那并不是最要紧的事，多想想技巧而不是特性。你用不着依赖源自遗传的那份领袖气质。”他们花了几分钟更详细地讨论了那些技巧，最后，迈克尔提出了一个决定性的建议：“我并不想打击你，阿历克斯，不过，我还是怀疑，你的计划到底有没有像你想得那么完美。我知道你很精明，但你似乎漏了点什么东西。如果你让下属更多地参与计划的制订——而不是单纯地将自己的想法强加于他们——那么你就有更大的可能挽救公司。试着和你的客户聊一聊。”

阿历克斯苦笑地看着迈克尔，接着将杯中的酒一饮而尽。

形势、手段与特性

关于领导能力的讨论常常会混淆三个不同的主题：（1）领导者所创造出的东西；（2）领导者为创造出这些东西而运用的技巧；（3）领导者的个人特性。

不过，要想形成自己的领导技巧，对这三者予以区别是十分重要的。

1. 不论一支团队或者一个组织的战略目标和财政目标是什么，也不论他的团队是大是小，领导者必须创造出愿景、感召和动力（如第 1 章所述）。领导者的所作所为正是为了实现这些目标。这些是他所创造出的东西。

2. 为了创造出愿景、感召和动力，有效的领导者会运用娴熟的技巧。这些技巧也正是本部分的中心所在——这些方面的领导能力是能够学会的。

3. 与这些技巧毫不相干的是，领导者还拥有根深蒂固的个人特性。在这方面，没有什么神奇的公式——潜在的理想特性可以列出一长串，没有领导者能够幸运地拥有所有这些特性；至于哪些特性是必不可少的，仁者见仁，智者见智。更为重要的是，一个成年人能否从根本上改变其根深蒂固的特性？这个问题并没有确定的答案——相反，他更应该将时间用于掌握上文提及的那些经过证明的技巧。

下面诸章旨在帮助你探索和学习领导的技巧。

对领导能力的剖析

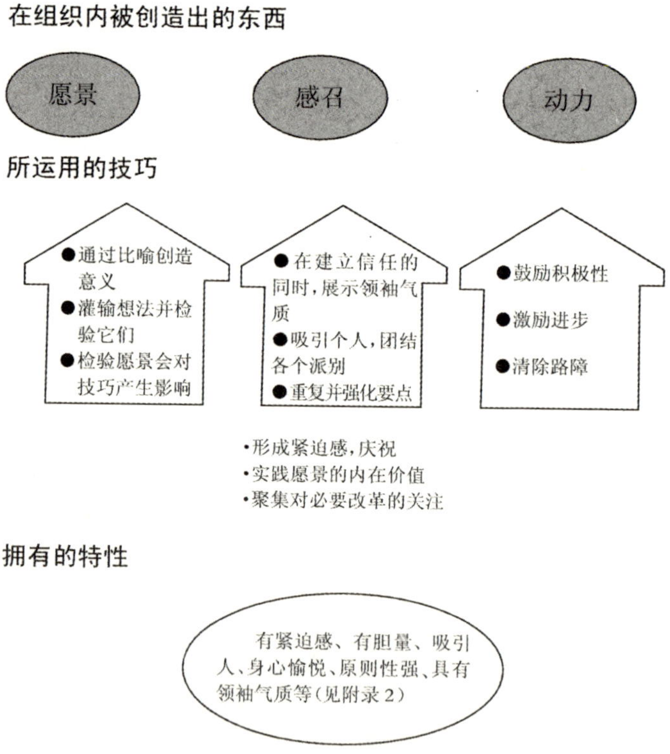

注：出色的领导者通常——虽然不是始终——从创造愿景开始，然后再激发斗志和动力。

练习

运用附录 1 来检查你的领导能力测验图和期望值，如果你还没有这么做的话。

迄今为止，

对戴夫吊带的恶意投标一直在如火如荼地进行。

在本章中，

阿历克斯观察、听取和学习。

第3章
准备工作：重点、紧迫和派别

没完没了的会议充斥着阿历克斯走马上任的第一个星期，当星期五快要过去时，他对这些会议予以了认真思考。

道格和客户负责人坚持认为："我们必须找到继续取悦客户的新方法。"

桑德拉和创意人员热情洋溢："我们必须集中制作大广告——我们需要更多的经费，而不是更少。"

弗兰克和策划部的人员合乎逻辑地主张："调查和分析的质量很重要——我们必须当着客户的面儿得到更多的实情。"

卢克和信息传达人员一直在恳求："公司里的每个人都有自己的一大堆事——安排一个会议是不可能的。把这个问题解决掉，这样我们才能为了改革而齐心合力！”

当然，每个人都警告阿历克斯，在给不同的行动分配时间和费用时，千万不要尝试强制实行考勤制度。此外，对于公司多年来所收集的40幅价值不菲的画，他们也警告阿历克斯不要打任何主意——卖掉这些画会“打击公司职员的信心……资产倒卖将产生恶劣的影响……客户会认为我们将要破产而作鸟兽散”。

这么一来，阿历克斯将这些小派系看得很清楚：每个部门都在寻求自身的利益。

在紧凑的日程安排中，阿历克斯还抽空与客户进行了一些会面。这些会面坚定了他的看法：公司必须为客户提供更多的创意。而且，在提供创意的过程中，公司必须大大减少过去所存在的官僚作风。

“策划人员是问题的根源，”一家客户的营销主管主动说道，“对于我的每个广告计划，首先我得告诉道格或者某个客户负责人，然后再由他告诉策划人员，接着策划人员再为创意部制作一个纲要，然后，创意人员再拿出一些东西，由道格交给我过目。这一过程中的环节也太多了。”

“大多数广告公司也许依然如此行事，”那位营销主管继续说道，“不过，以后肯定不会是这个样子。我应该事先与客户负责人和创意人员同时进行面对面的谈话。”

这种（和类似的）评论使阿历克斯确信，他强调公司应以更加统一的方式进行运作的想法是正确的。

不过，阿历克斯回到办公室后，扫了一眼随后一周爆满的日程安排，他知道自己得集中调动自己的积极性。虽然阿历克斯知道自己无法立刻提出一个完整的、中心极其明确的个人计划，但他决定着手制订这个计划——至少要使随后的一周更好应付。

显然，阿历克斯的作用在于领导公司实现好转——但这并不意味着他要亲自领导每个方案：他没有足够的时间这么做。他迅速地在三个标题下记下了他的想法。

阿历克斯的第一个标题是“文化”。在这个标题下，他列出了一些他此时知道需要亲自关心的问题，包括“团队精神”、“对客户的重视”和“创新”。阿历克斯一直在制订一个更富有远见和鼓舞人心的改革方案，而公司的这些方面出现的问题正是他在这一方案中所必须处理的。

阿历克斯的第二个标题是“过程”。在这一标题下，他草草地写下了一些“复兴方案”。这一部分正是对“10-10”计划——正是带着这一计划他五天前到这家公司走马上任——中所有措施的简要描述。尽管他的方案很有远见，他还是必须确保开支得到削减。银行不久就会要求看到削减开支的证据。

阿历克斯的第三个标题是“一次性问题”——可能需要他关注的实质性大问题。他咬了咬铅笔。阿历克斯并不想陷入操作的具体细节，但他觉得在这个问题上他肯定有用武之地。突然，他想到了“带头推销”——他将亲自领导推销以赢得一个大客户——运用一种远远好于公司正常方法的方法：他将按照那位营销主管的建议，在与客户会面时亲自拖上道格和桑德拉。这么做也许会令道格和桑德拉不高兴，但却可以迅速确立协作的标准，阿历克斯知道公司需要这种协作。

阿历克斯逐渐认识到，他毕竟不能将自己大部分的时间用于亲自领导他在“10-10”复兴计划中所精心设计的方案，他需要一个副手来领导这项工作。阿历克斯知道自己应该将精力集中在“文化”和“带头推销”上。看了看手表，阿历克斯知道这些问题就是他周末所要处理的事。

最后，阿历克斯再次对公司职员细细思量了一番。令他吃惊的是，公司里似乎没有改革的紧迫感。由于有人散布消息说公司财政状况很危险，大家倒是感觉到了迫在眉睫的不幸，不过，大家并没有因为有这种感觉，而强烈要求在创造计划或者同客户合作上采取新的方法。

阿历克斯知道在这个问题上该怎么做——他将说服一些客户的营销主管和执行总裁与公司所有职员进行面对面的谈话。他确信这种谈话将产生影响——客户们肯定会谈起其他公司如何得益于各部门之间较为紧密的合作，以及他心中正在酝酿的其他几个主题。

“凯莉，”阿历克斯给秘书打了个电话，“你能过来一下吗？我下周的日程需要重新安排一下。”

“我一直在辟谣，”当凯莉最终出现时，她解释道，“创意人员认为你要卖掉那些艺术品。”

“下次你再听到这个谣传时，”阿历克斯说道，“告诉他们不用担心，我会精心保管那些画的。现在让我们调整一下日程。首先，我星期天晚上要和德克·凡·艾伦会面，如果他有空的话。看他到时能不能到这里来。他的电话号码在我的电话簿‘大学熟人’那一栏中……”

准备工作：重点、紧迫和派别

领导的任命有多种形式：到一家新单位任职；在当前供职的公司中获得提升，或者从现任的职务——鉴于组织需要改革或者变革。不过在投身于改革之前，有效的领导者首先会进行精心的准备。

这些准备工作的范围显然取决于领导者对组织的熟悉程度和急需解决的企业问题的类型。不过，在发起重大改革之前，有效的领导者总会花上一段时间观察现状、听取意见和了解团队成员的真实想法。领导者这么做的目的在于找出以下三个问题的答案：

1. 重点何在？“组织或者团队的优先考虑是什么？对于那些必要的方案，其简单明了的蓝图应包括哪些内容？弥足珍贵的时间应用于何处？我应该集中精力处理哪个问题：是与市场相关的具体问题，还是让员工重新设计组织的工序，抑或改变组织的文化？”（附录 3 说明团队或者组织的规模越大，领导者越需要将更多的领导能量集中在流程和文化上。）

2. 如何传达并认同紧迫感？“我如何才能使组织明白，维持现状要比必要的迅速转变更加危险？我必须列举出什么样的事实和证据？我如何控制组织成员的注意力，使他们关注必要的方案？”

3. 考虑哪些派别，打造什么样的组合？“哪些联合可以利用？哪些联合会对着干？谁支持？谁反对？应该由哪些支持者来领导各种必要的方案？对于我对团队成员的选择，组织成员会有怎样的理解？”

在履行使命的整个过程中，有效的领导者会继续处理这些问题。不过，他会在早期——在他郑重地提出重大方案之前——就这些问题提出许多有力的假设。

准备工作

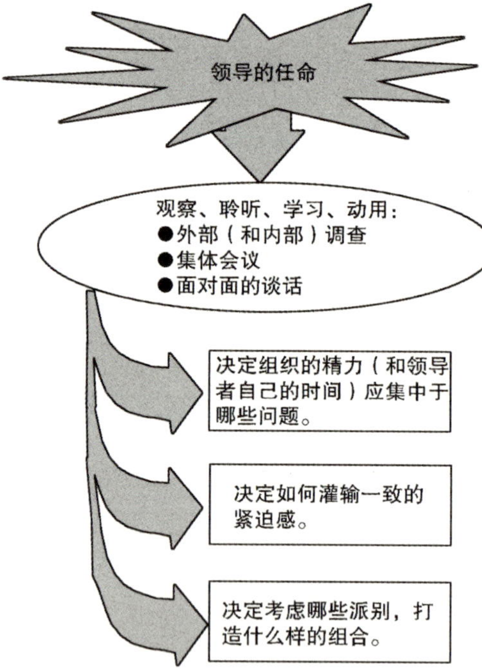

练习

你打算改革自己的团队或者组织，检查一下你是否为这些改革做好了充分的准备——特别当你正在决定自己的时间应集中于何处时。

每年一次，所有的政府基因学家被强制观影——

《那天，比利忘记拿他的手帕去基因工厂》

在本章中，
阿历克斯遴选员工，
培养习惯。

第4章
打造团队：有益惯例和不良惯例

当阿历克斯走进巨大的会议室时，嘈杂的谈话声逐渐平息下来。每个星期五的下午，公司管理委员会都在这里开会。

这是阿历克斯第二次开这样的会，他扫了一眼会议桌，看看他的主管们是不是都来了。

“弗兰克在什么地方？”阿历克斯问道。

其他主管——道格、桑德拉、斯蒂夫、卢克和特里——最近都没有看见这位策划主管，不过斯蒂夫说他那天早些时候看见过弗兰克。整个星期阿历克斯一直在找弗兰克，不过弗兰克一直在回避他。阿历克斯现在想知道弗兰克是不是怀疑他为公司所设计的方向。

“很高兴，人差不多都到齐了，”阿历克斯开始说，同时分发他的议程副本，“大家可以看到，今天这个会有三个主题：第一，这些管理会议应该怎么开？第二，这星期我见了不少外面的人，产生了一些看法，在此向大家做一个汇报。第三，讨论一下我们必须给这家公司带来的改变。有没有什么其他问题，大家应该探讨一下的？”

其他人摇了摇头。

“首先，”阿历克斯说道，“我们必须认识到，作为一个团队，我们的使命是使这家公司稳定下来。同以往相比，这就需要更多的合作。当我们在这些周会上济济一堂时，我们不仅仅是一个团队——我们还必须想办法保持日常工作中的团队精神。”

“作为这种团队精神的基础，就这些会议而言，我们必须遵守一些基本的规定。以下是我的一些建议，不过，仅供大家讨论。首先，我提议把会改在星期一早上开——这样大家的精力就会比星期五下午充沛。其次，大家一定要准时——我们没有时间可以浪费了，如果我们要使这家公司摆脱经济困境的话。最后，我想要大家把我们达成一致的事情记录下来：行动、各个行动的负责人以及大家同意的行动期限。我们只需要一份简表，而不是详细的会议记录。我会记下这次会议的行动表——不过我建议从今以后大家还是轮流来。有没有什么其他想法？”

没有人对阿历克斯的话立刻做出反应，阿历克斯于是停了下来——他希望其他人也参与到讨论中来，而且他知道终将有人打破沉默。

“保密工作应该怎么做？”财务主管斯蒂夫问道，“我们将会讨论一些十分机密的问题……过去，在开会的人中，时常有人泄密。”

大家又花了 5 分钟对保密工作以及他们所要遵守的团队纪律进行了讨论。当讨论结束时，阿历克斯叫他的秘书去将弗兰克找回来。

接着阿历克斯转到了议程的第二项——汇报他上周所进行的谈话。他给大家通报了他和斯蒂夫与银行人士会面的情况，并告诉大家他们成功地说服了这些银行对公司的债务宽限几周。

阿历克斯还拿出事先准备的几页纸，匆匆介绍了纸上的数据，这些数据显示公司在广告市场的地位日益下降。不过，在他的讲话中，最具分量的还是他从与客户的营销主管们面对面的谈话中所得出的结论。

“现在我深信，”阿历克斯说道，“我们必须彻底改变同现有客户打交道的方式。我希望客户负责人和创意人员之间能够建立非常紧密的合作。我们还必须改革对新客户进行投标的工序。”

阿历克斯等待着其他人发表意见，不过没有人开口说话。道格显得很不安，他意识到阿历克斯在含蓄地批评他过去对客户经营不善。桑德拉看上去很不自在，她知道自己以后不能总是待在创意部的象牙塔内了。弗兰克——他的整个策划部正处于过时的危险之中——却仍未到会。

阿历克斯打破了沉默。“我不知道你们以前是怎么开这些周会的，”他说道，“不过，除非我们能开诚布公，否则我们不会取得任何进展。如果你们不同意我说的话，那么你们必须说出来。如果你们有很好的想法，那么你们同样必须说出来。我们完全可以在相互尊重中说出自己的想法，但我们没有时间再扯皮了。”

道格最终打破了沉默。在某种程度上，他真希望自己两周前没有对阿历克斯最初的计划做出那么消极的反应。显然，正是由于他的激发，阿历克斯才会盘算对公司做出更大的改革。不过，他知道，公司确实需要沿着阿历克斯指出的方向前进。“我懂你的意思，”道格说道，“不过，我认为我们需要讨论一下这么做的具体细节。”

大家继续讨论了这些具体细节——虽然阿历克斯指出，作为一个集体，在随后数周中充实这些细节是他们的集体责任。阿历克斯看得出，道格和桑德拉并不是全心全意地支持自己，不过他认为自己最终能够争取到他们的支持。

在会议结束的时候，阿历克斯扼要地重述了大家所同意的即刻就要采取的行动。道格和桑德拉将齐心协力，寻找客户负责人和创意人员在向潜在的客户进行自我推销时进行合作的方式。斯蒂夫将成立一个小组，制定削减开支的措施。所有人都——带着几分勉强地——承诺展示自己在随后一周的工作成果。

当主管们从会场离去时，阿历克斯觉得将他们打造成一个团队的最初几步已经大功告成。不过，同时他还觉得他们所同意的行动措施依然过于零碎，无法介绍给整个公司。他想设法使这些方案更加紧密相连——他知道自己必须提出一个更加全面的愿景。

阿历克斯的另一块心病是弗兰克。显然，策划部主管由于“个人”原因离开了岗位。“要么他有比较棘手的个人事务要处理，”阿历克斯想道，“要么他就是在消极抵抗……”

建设团队

在改革的早期，有效的领导者会面临一个重要的挑战：决定建立什么样的团队；团队的成员具体包括哪些人——这些人将和他共同分享组织的领导权。他还要决定解散哪些团队或者团体（例如委员会）。

从理论上讲，领导者应对组织的策略和愿景形成清晰的看法，这有助于其做出上述决定。然而，事实上，领导者在愿景完全出炉之前就需要建立一个团队，让最初的领导团队觉得愿景的创造中有自己的一份功劳，这一点确实很重要。领导者因而也不可避免地会面临“先有鸡还是先有蛋”的情形，并尽全力来应付这种情形——领导的某些方面也必然会很“凌乱”。

然而，领导者不应在团队的工作方式和纪律上做出妥协。下一页重点介绍了领导者在团队和工作组中所实施的一些有益的惯例。这些纪律极其重要，因为人们在团队中共事的方式会在更广的范围内对组织的文化产生巨大的影响。对小团队和大公司的领导而言，这些纪律有着同样重大的意义。

最后，有效的领导者还会物色一两个特定的人来充当自己的心腹。虽然他们未必是团队的正式成员，但领导者可以通过他们来检验自己的想法，而且他们能够发表客观的看法。领导者可能需要一些来自组织下层的人来提供“基层职员”的看法。或者，他可能需要一个有着更丰富的领导经验的英明顾问，来给他提供指导。

团队的习惯

有益的惯例	不良惯例
目的性。团队目标明确，富有意义，且与组织的愿景和策略相连；目标为团队成员和相关的外部人员所理解。	**重点不明**。团队目标模糊或者过时；或者团队成员对团队目标的看法不统一。
以目标为导向。团队成员（和作为一个整体的团队）知道谁什么时候必须完成什么。	**走过场**。团队例行公事地“敷衍塞责”，无法产生实际效果。
合作精神。团队成员有一种“共同责任”感；且有着相互依存的利益。	**个人主义**。团队成员做贡献，并没有明确的动机，或者为利己主义所驱动，抑或出于其他不适当的动机。
纪律严格。团队有一些明确规定且强制实施的准则，例如，准时、信守承诺、相互尊重而又直言不讳的谈话。	**纪律松懈**。团队几乎没有准则；团队成员会迟到或者缺席；违规也不会受到处罚。
可渗透性。在必要时，团队会愉快地接受“临时”成员；与组织的其他成员进行交流。	**与世隔绝**。团队被视为秘密的“兄弟会”或者小集团；它只会发布命令，除此之外，它不与组织的其他成员进行交流。

练习

要求你正在领导的团队或者团体的成员来评价你的总体表现是否有上面列出的特征。

艾夫斯从来没有自信能在撑杆跳中战胜强大的对手，
但他还是会上演林波舞。

在本章中，
阿历克斯寻求一个令人信服的描述。

第5章
愿景：赋予意义

随着赛车旗的落下，周日的摩纳哥国际汽车大奖赛降下了帷幕。“好吧，”阿历克斯摸着妻子怀着小孩的大肚子说道，“你赢了。”阿历克斯一直认为最先跑完赛程的肯定是一辆法拉利，而莎拉却断定是一辆威廉姆斯，结果证明莎拉的选择要更为精明。

阿历克斯的心思离开了大奖赛，随后几个小时他一直在思考为公司创造一个富有凝聚力、振奋人心的愿景。他打开公文包，准备取出“复兴”计划，接着却犹豫了片刻，又拉上了公文包。“最好从一张白纸开始。”他想。

开始，他采取了一种合乎逻辑的左脑思维方式——写下他觉得他对公司的愿景所应体现出的要点。然而，不久他又采取了一种右脑思维方式，他开始信笔涂鸦，神游四方——只是一点点。他知道他必须提出一个真正令人信服的比喻。他想令公司的创意人员刮目相看——而不是招来他们的窃笑。

“我们需要什么：团队精神，齐心协力？我们存在的问题：‘客户负责人’只想‘取悦’客户，‘创意人员’只想制作大广告……以赢得同行的赞赏……创意人员从不与客户碰面。每个人都只是在猛打猛撞，彼此间从不进行交流……”

“创意人员与客户负责人之间似乎存有隔阂，这种鸿沟必须弥合。我们本地的广播电台不是一直在警告我们要‘当心鸿沟’吗？……这个广播电台也许能派得上用场。”

对于阿历克斯最终必须予以弥合的公司隔阂，他又思索起其他形象化的描述：“两头落空……大裂谷……月球的暗面……反向运动的地壳板块……风大浪急的海面上漂移着的大陆块——丘吉尔发明的说法怎么样：‘一道横贯欧洲大陆的铁幕已经落下’。”

阿历克斯对东西方关系的比喻予以了更多的思考：“‘最终引发公开化的持不同政见者’[1]（我不知道，会不会有一些创意人员——也许是一些比较年轻的创意人员——实际上乐意与客户偶尔会个面，而不是永远地困在他们的象牙塔里）。‘象牙塔’——丁尼生笔下被困在城堡中的‘夏洛特小姐’只能是井底之蛙。”阿历克斯拿起笔，将自己的思绪强行拉回东西方关系的比喻：“持不同政见者——公开化——里根和戈尔巴乔夫——只有在面对巨

[1] 苏联政府关于在对社会问题和弊端的讨论中强调公平的一个官方政策。

大的挑战时才会进行合作——宇宙探索——国际空间站……”

大约有 15 分钟，阿历克斯一直在心无旁骛地思索一个形象化的描述，不过，他觉得自己正在取得进展。商校并没有教阿历克斯如何进行自由联想，但他发现自由联想还是挺有用的。阿历克斯一边喝着咖啡，一边继续思索。

半小时后，阿历克斯回到了客厅，又和莎拉待在了一起。“我们的孩子怎么样？”阿历克斯坐在莎拉身旁问道。

“很好啊，”莎拉答道，“你的另一个孩子——公司现在境况如何？”

“公司现在有认同危机。不过，我想危机会消失的。我可不可以通过你来检验一下我的想法？听听你的看法。”

“你知道公司的主要问题，”阿历克斯继续说道，“它缺乏团队精神——主要是客户负责人和创意人员之间缺乏团队精神，不过，其他部门也存在这种情况。他们之间似乎隔着一道铁幕。但我想将这个问题描绘成混乱的必然结果——与外部的黑武士达斯·维德有点儿关系……是公司可以团结一致，共同面对的问题。”

阿历克斯花了 10 分钟简要描绘了公司的问题。阿历克斯非常喜欢电影《星球大战》中的形象化描述，借用这些描述，他阐释了公司应如何做出必要的改革。阿历克斯还描绘了他们所面临的挑战、创意“力量”的核心作用，以及任何一个派别都无法单枪匹马取得成功的事例。

“是不是有什么不妥的地方？”阿历克斯问道，他注意到莎拉并不感到信服。对阿历克斯而言，他在行动的世界里要比在思考的世界里更加游刃有余。他知道，莎拉的睿智和销售经历完全可以给他的新描述提供一针见血的批评。

“哦，我知道你想让大家关注公司的这个问题，”莎拉思考片刻说道，“不过，要使这个描述真正地令人信服，还需要做更多的工作。”

“这个描述很吸引人，能够给人以深刻的印象，”她继续说道，“不过，当你这么描述时，如果我坐在听众中间，我不敢保证我会知道该做些什么不同的事。你的描述确实会让人有点儿觉得必须加强合作——但我认为你必须把更多的细节讲清楚。还有，你确信他们会把客户负责人和创意人员之间的铁幕看成一个问题？

“当公司最大的客户面对面地告诉他们公司有问题时，他们肯定会听信，这一点我深信不疑。不过，我觉得你必须进一步充实自己的愿景，这样才能实现你对愿景的期望……”

星期天晚上，阿历克斯在公司会见了德克。德克是阿历克斯的老相识，也是一个潜在的客户，同时，他还是网络销售方面的专家。

当他们结束谈话，收起所深入讨论的文件时，德克指着一幅题为“黎明与黄昏”的不起眼的画问道：“那是罗斯科的画吧？”——这幅画就挂在阿历克斯办公室的外面。

“我都忘了你对画非常在行，”阿历克斯答道，“你觉得它值多少钱？”

“保存得并不是太好，”德克边仔细检查边说道，“也许值6万英镑吧？至于更准确的估价，我还得和我的一个朋友谈谈。”

“6万英镑，”阿历克斯重复道，接着他看了一下时间，“嘿，我们得走了。20分钟后莎拉等着我们接她吃晚饭呢。”

愿景

在对目的地和路线没有愿景——即便有的话——的情况下，很少有方案能被领导。愿景以一种振奋人心的方式描绘了预期的方向，并为应付一些突发事件提供了健全的原则。

如果领导者自己无法设计这种愿景，那么他必须在这方面获取帮助——不过，他必须对设计好的愿景充满热情。

为他人创造意义

毕加索说过，“艺术是帮助我们认识现实的幻觉”。他的观点不仅适用于一幅画或一尊雕塑，而且同样适用于一个公司的愿景。

因为，如果一个愿景要指引一个团队或者一家组织，那么它必须是令人信服的——必须描绘出可信的结果：现实生活中的人们拥有更加美好的明天。听众在某种程度上能够超越愿景，同时，愿景在某种程度上还能给他们的生活增添意义。愿景不仅仅是只懂使用华丽辞藻的经理们在团体愿景练习中所准备的漂亮结束语。

下一页列出了真正令人信服的愿景所具有的一些特点——正是由于具有这些特点，愿景才能够获得认可。

只有通过实践，才能掌握设计愿景的精湛技巧，这些实践包括：仿效并设法超越名家，对前任做出改进以及进行实验。附录4对如何实践予以了进一步的指导。

不过，如果组织的愿景只是单个人的想法，那么它也不太可能有效。正如我们所要看到的，如果愿景是合作设计的结果，那么它通常能更好地为其目的服务。

赋予意义

亨利·福特的愿景

“我要为大众生产一种机动车……这种车的价格非常之低，以至于每个收入良好的人都买得起，他们可以在上帝所赐予的广阔空间中和家人一起享受数小时的乐趣……”

“当我如愿以偿的时候，每个人都能买得起汽车，都将拥有汽车。在我们的大路上，将再也见不到马的踪影。汽车将会司空见惯。我们将给很多很多的人提供工资待遇不错的工作。”

令人信服的愿景的特点

1. **充满激情**——但不仅仅是简短的描述 2. **具有令人印象深刻的完整性**——但不是百科全书 3. **充满意义** 4. **令人难忘**	· 是对组织历史和需要的反应 · 以市场事实、洞察力和远见为基础 · 提供一个更加美好的明天 · 集中于必要的具体变化 · 强调优先考虑的问题——包括需要采取的措施 · 涉及重大的目标 · 使人们的（工作）生活具有意义，激发他们的潜力 · 诉诸更高的价值 · 重新确定或者陈述观点的方式新颖 · 能够在一个简短的结束语中得到总结

练习

现在给你的团队或者组织草拟出一份愿景草案。即使你并不急着需要这份愿景，你也会下意识地改进它，以便有一天你确实需要它。如果这么做困难太大，那么给其他某个团体——你是其中一员——起草一份愿景。

要是他的表演形式在最后一分钟出现了更振奋人心的改变，
纽莱伊或许会好好配合的。

在本章中，

阿历克斯进行试探并灌输愿景。

第 6 章
愿景：灌输与检验

第二天，当阿历克斯结束与公司财务主管斯蒂夫的会面时，他非常懊悔自己在那一周的开始选择了讨论公司的银行余额。斯蒂夫的预测表明，仅仅再过五个月，公司就会出现令人无法接受的透支。由于某种原因，他们刚刚失去了一个月的回旋时间。

不过，当阿历克斯着手开展那一周的两个并列议程时，他却显得十分积极。对于那些已经压得他喘不过气的会议，他的第一项议程是重点实施他最初的“复兴”计划中的节省现金方案。不过，现在他想在所有临时决定的会面中加上第二项议程：检验自己为公司工作方式所必须做出的广泛改革而设计的新愿景。

阿历克斯首先与道格和两个客户负责人进行了会面。他从

“复兴”计划所基于的目标开始谈起。他们讨论了对当前客户的责任分配，以及同潜在客户打交道的方式。接着，他们简要探讨了即将对 Surf-Earn.com 进行的投标。对于那些使用他们服务的客户，这家网络公司愿意支付大笔的费用，而不是对他们进行收费。这家公司发展得很快，蒂克诺尤的大多数竞争者也将设法把这家网络公司发展为自己的客户。

“创意人员对这次推销有什么看法？”阿历克斯看着道格问道，“你和桑德拉以及她的下属谈过些什么？”

“我明天会去找到桑德拉的。”道格答道。

“可是 Surf-Earn.com 将在下个周末挑选广告代理商，你们到底有什么办法能及时地拿出一些有创意的想法？”

“那是桑德拉的问题，不是我的问题。”

“道格，让我们弄清楚这一点：这是我们所有人的问题。这是你的问题，是桑德拉的问题，也是我的问题！这幅铁幕太厚了。如果客户负责人和创意人员总是待在各自的象牙塔里，继续彼此推诿攻击，那么这家公司就会破产。”

“我完全同意你的看法，”道格答道，“不过，你得试着让桑德拉也这么想！”

“你又来这一套了。”阿历克斯说道。他突然意识到，道格的客户负责人正在旁观，眼看着一场全面的争吵就要爆发，他们正开始局促不安地设法摆脱这场争吵。

不过，阿历克斯改变了策略，他转而以一种比较温和的语气将那两位客户负责人也引入了讨论之中：“也许你们都在想‘公司向来是这么做的，整个广告界也是这么做的——创意部门和客户负责部门各司其责’。”

“不过，社会是不断向前发展的，西方的商业客户负责人和东方高深莫测的创意人员之间不能再像这样‘事不关己，高高挂起’……”阿历克斯继续解释他为公司日后必须的运作方式而设计的新愿景，他强调了团队精神、合作以及积极性的重要性。他还举例说明了公司需要在向新客户“推销”自己的方式上做出什么样的改变——例如，在和客户见面时，同时安排一个创意人员和一个客户负责人——以此设法使自己的愿景更容易理解。

阿历克斯又说了好一会儿，在他的努力下，那两位客户负责人最终无拘无束地交谈起来，并就如何将愿景付诸实践提出了进一步的看法。

不过，阿历克斯知道他们只不过是在口头上表示支持——他知道现在该公开他的愿景了。

“很高兴你们同意我的看法，”阿历克斯说道，“因为我们将运用这种新方法来向 Surf-Earn.com 推销自己。”客户负责人尽力地掩饰内心对这种新方法的抱怨，他们认定这种新方法将需要他们做多得多的工作。

“顺便说一下，”阿历克斯继续说道，“我想，这次推销应该由我来领导。道格，我干吗不领导这次推销呢？我们应该利用这次推销，树立起同所有客户打交道的模式。”

那天，阿历克斯还与桑德拉和创意人员、弗兰克和策划人员以及卢克和信息传达人员会了面。在这些会面中，他还和新老员工、高级员工和低级员工、决策者和实干者进行了谈话。

在所有这些会面中，阿历克斯试验了星球大战愿景的各个部分——他甚至加入了会面当天萌生的想法。在一些会面中，阿历克斯滔滔不绝，在其他会面中，他大部分时间则在凝神聆听。

到那天结束时，阿历克斯产生了一些能够改进和突出愿景的想法。公司的经理们也注意到阿历克斯真的要改变他们的工作方式。办公室里到处都是窃窃私语声："这事你不觉怪吗？他居然要亲自领导向 Surf-Earn.com 的推销。我猜他一定对这种新方法充满了信心。"

晚上八点钟的时候，阿历克斯慢步踱回他的办公室，途中路过了罗斯科的《黎明与黄昏》。他向右一拐，沿着走廊直奔斯蒂夫的办公室。除了斯蒂夫还在埋头于电脑外，财务部里空无一人。

"我刚刚产生了一个想法，"阿历克斯说道，"你赞不赞成我在今后的五个月中弄到一百万英镑？"

灌输想法，培育想法

在早期，就自己的团队或者组织所必须采取的措施，领导者会提出一些假设。这些措施可能会组成一个愿景原型，也可能仍然是一列松散的行动要点。这些措施可能是由领导者自己制订的，也可能是由领导者在一个工作组的帮助下制订的。

然而，从这时起，领导者就踏上了一段紧张的旅程，这段旅程类似于一个政治家在选举前所经历的旅程。在同组织内上上下下的许多人进行谈话的过程中，他：

(1)“灌输”自己对一些必须发生的事情的想法；(2)从相关人员身上获得更多的看法；(3)识别潜在的支持者和抵制者；(4)设法将各个行动要点（重新）塑造成一个令人信服的愿景。

在从其他人身上获得更多看法的同时，领导者会抓住一切机会来“推销”其愿景的新原型。为此，他可能会召开一些特别的会议。不过，更为常见的是，他只会在一些讨论其他议题的既定会议结束时，用10—20分钟的时间来进行“推销”。

此外，他几乎不重视级别高低，一有机会，不论是谁，只要他想，他就会与之进行谈话——就像下一页所举例说明的那样。

改进新愿景

范 例

有一家有着40名股东、200名员工和80名辅助人员的法律公司，其新任领导者决定必须对公司文化做出改变。随着公司的快速发展，各个部门的成员都在抱怨工作过于紧张。他还觉得律师（包括股东）在提高自身在公司外面的知名度方面做得不够。

他打算推出“责任”和“外部视角”的主题，并在公司律师和辅助人员的广泛范围内来检验了这些想法，参见下图的图解。

然而，谈话的结果却令他不得不对自己的改革议程做出修正。因为，他发现各个部门的成员之所以抱怨，部分原因在于，在一个规模扩大了的公司，人们对彼此越来越不熟悉。他还认识到，随着成员的增加，董事会的领导技巧日益下降，外部视角的缺乏即与此有关。

所以,他在“责任(accountability)”和“外部视角（externalperspec-tive）”上又增添了“个人化(personalization)”和“领导能力(leadership)”两个主题。有个颇善于推销的员工将这些主题的第一个字母重新编排了一下——他的改革计划于是变成了“LEAP”（飞跃）。

领导者改进愿景的路线

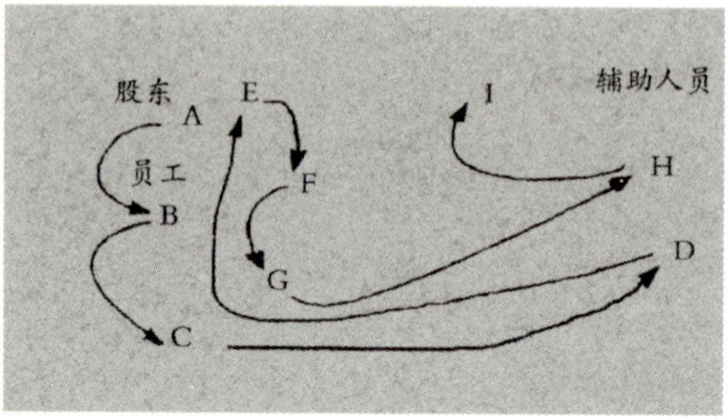

练习

列出那些你将向他们推销假设的人，以及你将从他们身上获得看法的人。

甚至还在少年时，弗兰肯斯坦对待他的实验就不够严肃。

在本章中，
阿历克斯检查他的愿景是否合理。

第 7 章
愿景：雕琢技巧

在那个星期，随着时间的流逝，阿历克斯开始认识到他最初的“复兴”计划只不过是一个“家务管理”计划。它也许能阻止财政状况的恶化，但只有从根本上改变工作方式，公司比较长远的未来才有保证。阿历克斯早期曾试图使他最初的计划“更振奋人心一点”，现在他必须专心致志地对公司进行彻底改造。

当然，阿历克斯不可能将最初强调缩减开支的计划弃之不顾，但他知道，他必须将更多的时间用于把自己其他更富远见的想法转化为现实，而这意味着要减少花在其他问题上的时间。于是，阿历克斯决定，家务管理计划应该由斯蒂夫来领导——其原因主要在于，财务管理是斯蒂夫的专长，而且，他的领导潜力似乎并没有得到彻底开发。

阿历克斯从公文包中拿出先前围绕自己的时间分配而打的草稿。他已经处理了“过程”标题下的家务管理计划。下一个标题是“文化”，阿历克斯划掉“文化”两个字，代之以“星球大战愿景”。他随后几个月的时间就将用在这一愿景上。

当然，还有第三个标题——“一次性问题”，在这个标题下，他先前曾草草写下“带头推销”几个字。阿历克斯用“Surf-Earn.com”替换了这些字。这是他下个星期的工作重心。为了获得这笔新生意，阿历克斯将亲自领导推销，这使他有机会在公司员工的心目中确立起自己的可信度。不过，更为重要的是，阿历克斯可以借此机会展示重要的新型工作方式。

当阿历克斯再次思考他为公司所设计的新愿景时，他回想起了他几天前和自己的前顾问迈克尔所进行的一次谈话。迈克尔曾建议他检查一下自己的愿景是否明确提出了公司所必须具备的全部技巧。

基于自己以往的销售经验，阿历克斯记下了公司必须擅长的一些事——他还因最近的谈话而进一步坚定了自己的这些想法：

第一，形成真正的洞察力和远见的技巧。前者指的是对公司客户所处市场的洞察力，后者指的是对客户市场可能如何演变的远见。只有通过形成和运用这些技巧，公司才有望交付有影响的广告计划。迄今为止，阿历克斯在公司中几乎看不到这种技巧的任何迹象。

第二，为客户迅速拿出切实可行且富有创意的想法原型的技巧。为此就要做到：使公司员工彼此真正地进行合作；迅速地评估他们的想法在实践中是否行得通；避免个人迷恋自己的观点而难以自拔。

第三，与客户进行精彩互动的能力——从最初的会面，直至客户广告计划的交付。

当阿历克斯记下这些技巧时，他对自己的愿景草案在多大程度上阐明了这些主题再次予以了检查。例如，他检查了愿景能否通过一些例子——这些例子讲的是与客户的会面如何同时包括创意人员和客户负责人——来阐明“与客户的精彩互动”。

阿历克斯意识到他必须进一步改进自己的愿景，因为，当他推出这一愿景时，他想得到的不仅仅是一笔简单的大买卖。他还想看到一种催化效果。他希望愿景的初次推出就能产生一连串的影响。人们必须能够理解方向，然后根据他们自己的工作范围为自己制订出细节。

创意人员和客户负责人必须拿出他们自己的方案，以使愿景得到充实。信息协调人员和媒介购买人员必须安排新的讨论会，或者确立新的工作流程。在理论上，阿历克斯的愿景原本可以设法对所有这一切均予以详细的指定。但在实践中，他知道这么做是不可能的——而且，毫无疑问他还会因为过于独断而冒着使员工疏远的危险。

然而，阿历克斯不久就得向公司推出他的愿景。所以，他必须迅速地检验愿景。即使愿景还没有完成，他也应该知道他的星球大战主题是否行得通。阿历克斯决定问问凯莉的看法，对他的愿景进行一次决定性的检验。凯莉能够提供公司一名“普通”员工的看法。

“你听我谈起过星球大战计划，”阿历克斯开始说道，“在我向整个公司推出这个计划之前，我真的很想听听你对此类问题的肺腑之言——计划合不合理，够不够详细，会不会被曲解？”

凯莉需要一些鼓励才能直言不讳，但她最终坦率地说出了自己的看法。“我会实话实说的，”她最终说道，“‘星球大战’这个名称可能不太妥。客户负责人认为自己是星球——创意人员也这么想。所以，当你谈起‘星球大战’时，听起来这两派人之间似乎在进行战争——而不是公司和外部的混乱力量之间在进行战斗。”

“我明白你的意思……”阿历克斯答道，“我显然没有考虑到这一点。好的，凯莉，还有没有什么其他看法？有什么说什么。”

“没有了，我觉得就这么多。”

“好啦，凯莉——我看得出你还有一些想法在瞒着我。”

“哦……嗯……你真的认为这种新方法有用，即使你改掉‘星球大战’这个名称？”

“我当然觉得有用。”阿历克斯答道。

“只不过听上去你并没有十足的把握，也许你可以使这个计划中更多地涉及个人——借此表明你对公司和新方式的关心程度。”

阿历克斯很庆幸自己问了凯莉的看法，他决定在其他一些人身上进一步检验自己的愿景。他开始认识到这个愿景可能需要做出根本的改变……

通过技巧检查效果

迄今为止，领导者一直在构思和“软推销”自己的愿景。不过，不久他就要向公司更完整地推出自己富有远见的改革方案。

作为最后的检查，有效的领导者会检验愿景是否足够清楚地描绘了组织需要的技巧（见下一页）。

此外，领导者会检查愿景是否会产生催化效果，在整个组织中引起积极的连锁反应。他会检验自己的愿景是否会促使人们采取行动，激起一连串的支持。领导者会问：

1. 人们会不会知道该做什么？他们会不会：

（1）理解全部的提议？

（2）“自发”地设想自己在实施改革中的作用？

2. 他们会不会急切地参与改革？他们会不会：

（1）认识到改革对他们自己的好处——就个人而言？

（2）从正确的视角理解个人的代价（特别是暂时的额外的工作量）？

（3）认识到工作的其他意义？

3. 他们会不会向其他人“推销”想法——同时做到不歪曲

这些想法？他们会不会：

（1）认识到必需的变化所隐含的积极目的?

（2）认为愿景的要旨简单明确?

愿景、技巧和“7S”

任何组织都有七个非常重要的方面。在这七个方面中，组织的综合技巧为战略和组织的其他方面提供了关键性的联结。

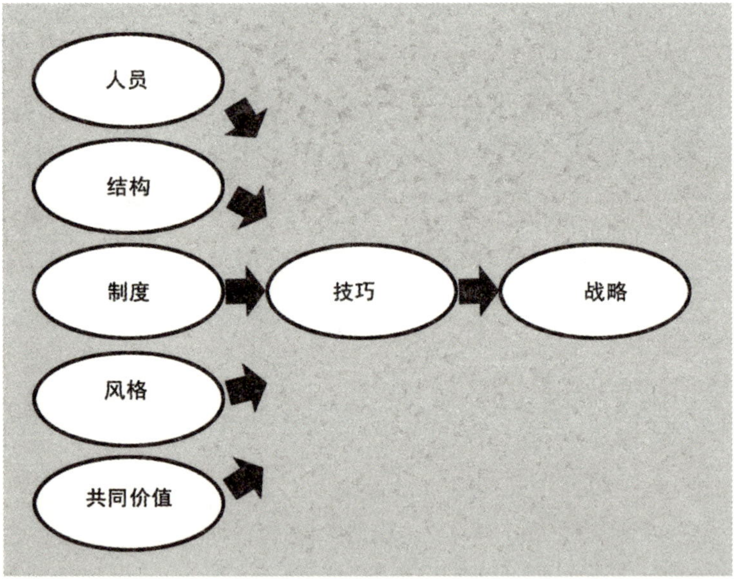

注意：组织的技巧不仅仅是个人技巧的总和，例如，四个著名的音乐家未必能组成一个优秀的四重奏表演组合。

练习

列出对你的组织（或者团队）而言最为重要的集体技巧。确定培养这些技巧的方法——通过不同的人员配备、结构、制度、工作过程、风格和共同价值。

格劳科和塔格想成为互联网百万富翁，
但是南喀更现实主义。

在本章中，
阿历克斯发现了他的愿景并重新找到了自我。

第 8 章
感召：建立信任

阿历克斯以前只集中召集过一次公司全体人员，那还是三个星期之前阿历克斯刚刚上任在全体员工面前做自我介绍的时候。

现在阿历克斯又一次看到了 70 张充满期待的脸庞。他能够清楚地辨认出他们脸上的各种表情。有的员工紧张地等待着阿历克斯宣布公司人员冗杂，有的员工则期待着出现一个能够拯救他们的弥赛亚，还有一些不信任阿历克斯的员工正在扬扬得意地看着阿历克斯怎样出错。不过阿历克斯却坚信所有这些表情从根本上讲只是一种心情的反应，那就是希望。

阿历克斯整个周末都在准备和改进他即将提出的这篇关于新工作方式愿景的发言稿。当他开始发言时，灯光被打到了最强。

“我想给你们讲一个故事，”他开始说道，“或者说我想给你们放一个故事。”

阿历克斯用遥控器调暗了灯光，打开了录像机。当黑白画面出现时，员工中发出了一阵惊奇声。很明显这是一部家庭录像带——而且还是旧的。

投影中显示的画面是正在玩耍中的孩子。他们差不多有7岁，玩得很开心。很明显，一个大人正在组织拔河比赛，孩子们已经到了喜欢竞赛的年纪。当员工们从一个特写镜头中看到幼年时的阿历克斯时，他们再次发出了一阵小声的议论。

参加拔河比赛的两个队都拉紧了绳子。一开始阿历克斯所在的那个队似乎就要取得胜利了。但就在那时，阿历克斯的队伍后面有一个队员突然向前倾斜，碰到了前面队友的耳朵，两人因此吵了起来。此时阿历克斯所在的那个队就少了两个拔河的人员，其他队员很快就被对方拉过了线，他们因而输掉了比赛。

接下来的一个录像剪辑更短，只放映了一场足球比赛，其中一个球队因连续快传而获得胜利。虽然15岁的阿历克斯没有攻入制胜的一球，他的球队却通过一系列熟练和富有创造力的合作而控制了场上局面。

“团队精神、合作意识和主动性，”阿历克斯继续说道，“正是我们每个人的团队精神、合作意识和勇敢、富有创造力的积极主动性将会成为我们相互联系的成功的基础。为了进一步阐述这一点，下面我将为大家放映一些我们的客户对我们评价的录像剪辑。”

录像的第一个镜头是一个会议室，该公司的几个客户负责人和创意人员，该公司的一些客户以及一些已经决定不再继续使用该公司服务的营销主管一起围坐在一个大会议桌旁边。

阿历克斯留心观察手下员工对客户坦诚批评的反应，心想原声剪辑很能说明问题：

“社会是不断向前发展的，不过广告业却没有跟上这个发展的大趋势……”

“过去的广告公司非常富有创造力，但现在的大多数广告公司仅仅是散发铺天盖地的广告……”

“市场已经促使你们的大多数客户去挖掘团队合作的真正内涵。由于某些原因，同样的事情却没有发生在广告公司之间。这就是为什么现在大多数客户实际上比他们的广告公司更富有创造力的原因……”

“你们说自己富有创新精神，但实际上你们真的不知道自己在做什么——你的左手不知道右手在做什么——你们富有理性的“客户负责人”和富有感性的“创意人员”在大多数时间是重合的。这种情况并不仅仅存在于你们公司——大多数广告公司都是这样。不过谁能够解决这个问题，谁就很可能赢得至少像我这样的一个客户……”

“从个体看，你们蒂克诺尤公司的员工有着伟大的想法——不过整体来讲，你们之间没有配合。这就像一群荣获奥斯卡奖的电影明星在一起却连一部B级的电影也拍不出来一样。想一下，你们之间的合作是多么消极——如果这是真的话……”

阿历克斯暂停了一下录像，以让员工们都牢牢记住这些话。

“最后那个营销主管在发言时提到了明星，”阿历克斯提醒他的听众，“我想请你们想一下那些明星，因为我们都是潜在的明星。”他继续说道，“但现在我们却深陷在另一类星体的危险的重力场里面——深陷在财政赤字的黑洞中。

“要摆脱我们生命中的困境，要为我们自己的未来谱写可以角逐奥斯卡奖而不是B级电影的剧本，我们就必须采取集体行动，发扬团队精神和调动积极性。只有团结协作，我们的事业才能够全速发展；只有团结协作，我们才能够把这段不愉快的插曲抛在身后，去勇敢地发展新的客户……”

没有停下来解释，阿历克斯便继续放映他的下一个录像剪辑：一段精选的《星际探险》（*Star Trek*）的插曲。阿历克斯已经认定基于星球大战的愿景不会有什么作用。

“这是企业号星际飞船的旅行。它永恒的使命就是：探索新的世界，发现新的生命和新的文明，勇敢地涉足人类尚未开采之处！”

开场镜头是企业号星际飞船正在执行一项任务——联系一个具有心灵感应术的网络种族。不过在先前的插曲里，邪恶的卡汉最终追上了他们并把他们困在一个力场里。那个力场无情地把企业号星际飞船变成漏斗状，并使飞船上的人员靠近黑洞，他们将无法从那里逃脱。

所有的能量都不够用了，只有理性的斯伯克能够拯救他们。作为一个火神人，斯伯克具有抗辐射的能力，这使他能有足够的时间进入推进器舱以重新装载能够发动飞船的二倍锂晶体。最终他做到了，企业号星际飞船得以全速逃脱。

不过斯伯克已经吸收了太高的辐射……

插曲继续进行，斯伯克最终被工程师斯哥特和医生木考伊救活。邪恶的卡汉被战胜，企业号星际飞船最终联络上了网络种族，并达成了互惠的结局。

“是的，”随着录像结束，灯光重新亮起来，阿历克斯说道，“生活也真的能够像那样。等会桑德拉和道格将会告诉你们如何做到。不过，首先我将和大家一起分享我对这个插曲的几点想法。”

“一开始，企业号星际飞船注定要毁在邪恶的卡汉手里。不过卡汉，那个追上船员的邪恶的人是谁呢？那个返回来搜寻他们的人是谁呢？” 阿历克斯停顿了一下，继续说道，“难道卡汉不是我们自己的阴暗面吗？难道他不是我们公司的阴暗面吗？难道他不是我们自己心中扮演利己主义角色，通过井底之蛙的短见和漏斗状的力场而给我们带来灾难的那一面吗？

“那么，那些潜在的能够发动企业号星际飞船以超光速飞行，逃脱灾难并探索新世界的二倍锂晶体，又是什么呢？难道那些晶体不是创造精神吗？难道它们不是吗？

“那么，斯伯克的自我牺牲又是什么呢？其他成员冒着生命危险使遭受高辐射的斯伯克得以重生，他们的自我牺牲又是什么呢？”阿历克斯又停顿了一下，不过这次比上次更长一些。“也许你们认为这是纯粹的利他主义行为——为了更崇高的事业奉献自己的全部或一部分。我不这么认为，相比之下，我更倾向于认为这是真正能够称之为男子汉的行为。只有通过这样的行为，斯伯克才能成为斯伯克，你才能成为你，我才能成为我……”

阿历克斯继续阐发团队精神、合作意识和积极主动性这个主题。他强调说，团队精神并不是掩盖自己的个性，而是积极展示自己个性的一种方式——也许是唯一的方式。

“如果有人认为我没有对这种新的工作方式全力以赴的话，”阿历克斯说道，“我想让你们明白我已经接受了一个非常特别的邀请。道格已经善意地邀请我（不太算是一个邀请，阿历克斯心想）集中力量拿下 Surf-Earn.com 网站。尽管我们的努力将会是团队性的，尽管一旦成功我们的公司信誉将会提高，但是，当我们在几天以后遇到那个客户时，我将为我正在推行的新工作方式承担全部责任。”

“在接下来的几个月里，”阿历克斯说道，“我们将艰难前行。这将是一次朝着明星……为了明星……并由明星们进行的一次艰难跋涉……它将不会一帆风顺，但我们是会成功的。我希望你们加入。” 阿历克斯停下来，注视着公司员工们的眼睛。

“现在，”阿历克斯总结道，“我要把你们交给道格和桑德拉，他们将向你们介绍即将发起的新的星际探险计划，以使我们奋勇前进……”

令员工们惊奇地是，客户总监和创意部主管一起走到了台上……

感召

领导者拥有一个他认为将会激励别人的愿景。他已经在很多人身上检验了这个愿景，现在他准备在更大的范围内发起它。他在此需要处理领导能力的第二个方面：感召。

信任和领袖气质

为什么人们会不怕麻烦地去听领导者讲话——更不用说追随他了？为什么他们会尊敬领导者，为他做事，而短期内他通常只能给人们带来“鲜血、辛苦、泪水和汗水”？

答案在于：我们追随领导者是因为我们信任他们。如下文表中所展示的，人们关注的重点是他们能否信任演讲者，而很少注意演讲者的演讲内容。

因此，只有当领导者在他的团队中赢得了信任这一激励他们的基础时，他才会取得显著的成效。他应该致力于营造两种形式的信任——对领导意图的信任和对领导能力的信任。

领导意图

坦率——向人们展示真实的一面——可能是领导者营造对其领导意图的信任的最有效方法。如果领导者是一本“合上”的书，如果人们无法读懂他，那么，无论他的想法有多好，人们也不会心甘情愿地追随他。人们不能由一个很少公开表达思想的人去领导，开放、诚实、坦率和热情表达的人更可能成为领导者。

当领导者真正坦诚待人时，人们往往会对他更加坦诚相待，并且尊敬他的确能关心大家的切身利益。

领导能力

在设定的前进道路上展示出有根有据的乐观、现实的自信和英雄般的信念有助于增强人们对其领导能力的信任。为了激励他人，领导者必须至少有一点点真正的领袖气质。领导者过去的成功故事和传奇当然也有用——不过要警惕这种公开的自私自利的PR（公共关系）宣传。

信任的重要性

在相信某人说的话时，信任至少占一半原因。

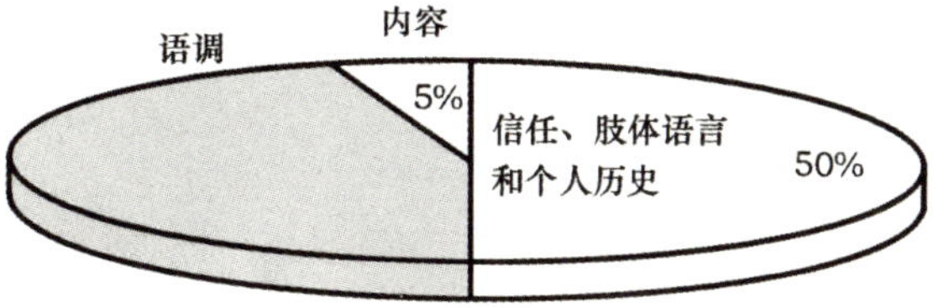

为人们营造或者铺设一个信任你作为领导者的基础。

建立对你领导意图的信任：

* 坦诚——要敢于说出你所真正相信的事情。

* 在与个人和组织的互动过程中要大体上宽容——尽量避免说出“不是我不信任他，只是我不知道他来自哪儿”这样挑衅的话。

* 在做出有争议的决策时，表现出明显的公正——所罗门的智慧？

* 承认自己的阿喀琉斯之踵或者令人讨厌的性格特点，并尽力改正它们。查阅戴尔·卡耐基《人性的弱点》一书。（摘录见附录5）

* 表明你在为别人服务（或者在从事一项更加崇高的事业）而不是为自己牟私利。

建立对你领导能力的信任：

* 流露出适当的自信和乐观。

* 确保你的成就得到合适的认可。

练习

获取别人对你的看法的反馈。从他们的肢体语言判断他们是否信任你所说的话。

公元 44 年 3 月 15 日，恺撒犯了一个严重的着装错误。

在本章中，
阿历克斯志在获取下属的承诺，
但遇到了一个难题。

第9章
感召：征召与联合

虽然在一同走上中心舞台时，道格和桑德拉并没有真正地握手，不过他们至少看上去确实像同一个团队的成员。回想起自己在推动这个双重行为上所付出的努力，阿历克斯只希望道格和桑德拉之间的合作能够持久。

在过去的几个星期中，阿历克斯分别在道格和桑德拉身上花了很多时间。他很清楚，自己最紧迫的任务就是让桑德拉手下的创意人员和道格手下的客户负责人员更有效地协同工作。不过这两个主管似乎不愿接受这个想法，不愿意互相合作。阿历克斯知道他必须使他们两个参与自己的计划，因为他们两个都能力出众。他们是“工作能力强，但合作意愿弱”，因此阿历克斯必须说服他们两个参与这一宏大的事业。

这决非易事。阿历克斯已经数次分别与他们两个共进晚餐，进行了数次漫长的谈话，并且仔细地聆听了他们的话。桑德拉似乎对想法、未来、洞察力和新鲜事物更感兴趣。如果你和她讨论实物、现实、事实和效用的话，她就不予理睬。但道格和她恰恰相反，他更喜欢听关于实物、现实、事实和效用的话。一旦你试图和他讨论长远的未来，或者畅谈有用的想法，他就会发火——甚至到了惹怒阿历克斯的程度。

最终，阿历克斯的应对之策是他找到了能够激励道格和桑德拉的共同之处。像任何人一样，他们两个也渴望获得表扬、尊敬和祝贺。不过桑德拉最渴望的赞扬实际上是自我赞扬：她渴望能够站在她所创造的广告后面，感叹她自己惊人的艺术天赋。关键时刻桑德拉也可能会接受别人的尊敬——不过这只可能发生在她感觉他们的艺术技巧至少和她一样出色时。相比之下，道格更容易被数量而非质量所激励。任何惊叹于他庞大的营业额、账目额以及尚未被打破的最长客户服务记录的人都可以激励他。

在对他们俩进行诊断的基础上，阿历克斯努力使桑德拉和道格参与他宏大的事业。他首先帮助他们明白他们对周围人的影响。谨慎地包括他自己在内，阿历克斯建议他们三个都做一个问卷调查，以大体勾画出他们的性格：迈尔斯—布里格斯人格类型测试表。下一步，阿历克斯建议他们三个分享三人性格的结论性描述。这原本就不难做到，因为他们三个都对自己的性格描述很自豪。然后，他们进行了一场更加坦率的谈话，大到三人如何进行互动——小到如何召开会议这样的细节性问题，因为桑德拉厌烦会议日程而道格则倾向于坚持保留会议日程。

不过，在这样做的同时，阿历克斯还做了一件更重要的事：对分享的承诺。至少他们已经有点儿认识到，他们的分歧在实际上可能是互补的而非不可调和的。

阿历克斯注意到，当道格和桑德拉两人在一唱一和地描述他们的双重行为——解释星际探险计划的实用性时，员工们都在认真地聆听。道格和桑德拉正在贯彻积极合作的主题，展示这个新的工作方式将怎样体现在公司最重要的工作程序中。比如，在招徕客户以开辟新的业务方面，创意人员和客户负责人将会以一个团队来整体合作。这些团队，而非公司的某些传统部门，将会成为公司新的动力库。

阿历克斯环视了一下在座的公司员工，他在寻找弗兰克。作为策划部主管，弗兰克将是在改革中失去最多的人。策划部门曾是介于客户服务部和创意部之间的中介机构，不过这个角色很快就将变得多余了。阿历克斯已经找弗兰克谈过这个事情，试图向他说明他及其手下六名策划人员怎样把他们的技能应用于创意领域或客户领域。阿历克斯知道弗兰克手下的大部分策划人员有能力完成这种转变。

不过很明显，这样一个举措将不会使弗兰克自己感到兴奋，因为这意味着他将不得不成为昔日同僚道格或桑德拉的下属。弗兰克唯一的选择——如果他想继续待在这家公司的话——就是积极配合完成这个转变。阿历克斯已经向弗兰克指出，接受转变是对公司最有利的一条路，同时也是弗兰克本人的最佳选择。对弗兰克来说，这是锻炼他新技能的好机会，这种技能毫无疑问将比策划技能更受到广告业的重视。

然而，阿历克斯很快就得出结论：弗兰克是“低能力，低意愿”的那种人，他既不愿意也没有能力完成这种转变。弗兰克离他被解雇的日子不远了，除非他能够表现出自己支持公司改革的热情。在以后的几个星期中，阿历克斯将仔细观察弗兰克的表现——他并不对弗兰克坐在会议室后面的行为感到惊奇。

半小时后，桑德拉和道格已经把新的星际探险方式如何实际操作的问题简要介绍完了。他们对这个新方式的讲解和支持被员工们认为是真诚的自发的，阿历克斯和员工们一起对此报以热烈的掌声。

不过问题远没有那么简单……

“我不知道，”会后不久，一个媒介购买人员在走廊里对桑德拉手下的某个创意人员小声嘀咕道，“这看起来像一次串通好的行为——你怎么看？”

“我明白你的意思，”这个创意人员答道，“……桑德拉相当任性：一般来说，她不会改变她的原则。也许这件事情的背后藏有一些隐情……”

征召普通员工，联合商业巨头

“请听我说”，领导者目前已经对你提出了这样的请求，当他宣传他的改革愿景时。

不过此时，即当领导者接近真理，真正要实施改革方案时，他必须坚持要求：“请支持我。”

不管他是领导一个小团队，还是领导一个必须进行广泛改革的大公司，这个时候领导者必须真正得到组织内部某些关键人物的衷心支持。领导者必须确保其已经征召到了相关人员和代理人。

有时，这一点很容易做到——当起着关键作用的个人既愿意又有能力在改革的实施过程中发挥他们应有的作用时。在这种情况下，领导很倚重这些关键人物，并且会委派给他们更多的任务。（见 80 页表中 1）

不过，在更多的时候，领导者会遇到很大的阻力。在决定如何进行的过程中，有效的领导会首先诊断出问题所在，然后再对症下药。

如果相关人员愿意帮忙，但是他们缺乏这么做的能力的话，领导者会考虑为其提供培训或其他支持。（见 80 页表中 2）

如果相关人员有能力给予领导者重要帮助，但却不愿这么做

的话，领导者就遇到了使用下页列出的某种方法来说服他们这一更加困难的任务。（见 80 页表中 3）

如果理应发挥某种关键作用的相关人员既没有意愿又没有能力帮助领导者的话，领导者就会考虑把他们调离这一职位或者干脆解雇——除非他认为值得投入时间对他们进行说服和培训工作。（见 80 页表中 4）

征召人员——诊断和应对之策

如果个体或者群体不服约束，出色的领导者会诊断出症结所在，然后对症下药。

诊断和应对之策

表中 1. 高能力，高意愿 倚重和委任（非常需要时，支持他们解决问题）	表中 3. 高能力，低意愿 说服 （下面将具体论述）
表中 2. 低能力，高意愿 培训或使之能够胜任	表中 4. 低能力，低意愿 撤换 （或者培训和说服，我如果时间允许的话）

说服技巧（表中 3）：

* 评价——推动员工朝正确方向前进——比如，使用诸如“权威人士已经注意到……”之类的措辞。

* 示范——做好个人表率作用。

* 引诱——朝着崇高的目标或者互惠互利。

* 说服——通过合理的推理或者愿景。

* 谈判——借助技巧、勇气和可交换的“通货”。

* 命令——如果你有这个权力，如果这个命令是“合理的”。

* 威胁——（不建议使用）

在直接掉进狮子的领地之前，
“飞翔的甘道夫”牢记要事先演习团队合作。

在本章中，
阿历克斯生动地展示了他的主题。

第10章
感召：重申与强化

阿历克斯一直在等待着重拳出击的时刻。在倡导新的工作方式后的几天里，阿历克斯已经预料到他的想法正被误解或忽略。尽管人们叫嚣着公司的效率必须提高，阿历克斯知道员工日常工作的压力很快就会冲淡甚至冲毁他先前提出的愿景。

最终，阿历克斯在公司内部网这个问题上打出了第一记重拳。创意人员和客户负责人共同想出了在进行新的广告宣传的早期使用内部网的方案。阿历克斯曾经认为这是新的合作方式的完美例子，并且为这个想法来自公司低层而感到欣慰。

不过，信息协调员就没有这么高兴了，他们认为这是对其内部事务的一种威胁。他们嘀咕说从在内部网这个问题上可以看出这只是建立一个更大体制——信息协调工作自动化体制的一小步。他们不想看到这种情况发生，阿历克斯也听说了这些传言。

阿历克斯责怪自己没有花足够的时间亲自向信息部主管卢克讲解他的愿景。不过他知道现在他不得不主动介入，这是进一步重申和强化其愿景中的“合作”内容的大好机会。

阿历克斯很想召开一个卢克、桑德拉和道格参加的会议，在这个会上他将让卢克非常难受。不过，阿历克斯没有这么做，他重新考虑了一下——在接下来的几天里，只要一开会，他就会说他认为应用公司内部网是一个很好的想法，认为这正是公司所需的一个非常好的例子。这种说法很快就传播开来。

阿历克斯还注意到一个意想不到的效果。他明显感觉到创意人员和客户负责人在和信息协调员进行艰苦交涉的过程中联合起来！阿历克斯清楚他承受不起信息部员工疏远的代价。不过，他高兴地看到，最终弥合创意部和客户服务部巨大分歧的大桥已经初现端倪。

不过，阿历克斯想找到更多的方法来强化其星际探险改革计划。与弗兰克的一次会谈提供了这样一次机会。阿历克斯再一次试着考查弗兰克是否会积极地为公司的改革做出贡献——或者说是否是一个主动（或被动）的反对者。在这一次会议过去的15分钟里，弗兰克一直承诺支持改革——但在内心深处，阿历克斯怀疑弗兰克仅仅是口惠而实不至的，是在为他自己争取时间。

“你能不能帮我一个忙？”阿历克斯在他们会谈无法达成一致而将近结束时说道，“你能不能花上半小时时间考虑一下我们能够采取哪些进一步措施重申和强化这个方案？”

“我不太明白你的意思……”弗兰克答道，“你是不是说就像每月时事通讯上的文章那样？”

“是的”，阿历克斯回答道，“肯定有很多我们还没有想到的措施——诸如使用内部网进行协调工作之类的措施。”

“你是指诸如改革培训和招募工作之类的事情吗？”

“是的，”阿历克斯肯定地回答道，“不过尽量使我们要做的事情越多越好。可以包括员工们关注的任何事情——大到接待处的规划，小到通信录的设计。”

“我试一下吧。”

“谢谢，”阿历克斯答道，“这件事情很重要，我会亲自处理。不过，对于员工们关注哪些事情，你的经验更丰富。”

正当弗兰克起身要走的时候，凯莉走进了阿历克斯的办公室。“参加 Surf-Earn.com 招标的事你都准备好了吗？”她问道。

“是的，我全准备好了，你能不能给道格和桑德拉打电话，看一下他们准备好了没有？”

“你确信桑德拉会和你一同前往吗？”

阿历克斯不解，带着询问的眼神看着凯莉。

“我的意思是，我认为创意人员一般来说不会参加那些招标活动，”凯莉解释道，“我认为这只是客户负责人的事。”

“我确信桑德拉会和我一同前往。”阿历克斯肯定地说道。

凯莉离开办公室以后，阿历克斯用手抱着头。在他共事过的秘书里面，凯莉是最精明的一个，不过连她也还没有完全领会……

重申与强化

由于日常工作的弱化作用作祟，我们经常忽略或者淡忘别人告诉我们的话。我们甚至忘记了最伟大的领袖所说的话：我们曾经记得马丁·路德·金精彩演讲的全部内容，而现在，我们中的大多数人仅仅还记得他有“一个梦想”。

因此，领导必须不断地重申与强化其愿景中的精华部分。当然，这么做的挑战在于，如何使这些信息每一次都富有新意和激动人心。

每个团队或者组织都面临着各自的特殊挑战，出色的领导者——为了让他的听众分享他的思想而积极努力的领导者——尤其。

致力于通过非正式交流和走廊聊天来获取员工支持，而不仅仅是抓住正式会议和备忘录上的一点儿地方。

借助所有可能的形式，而不仅仅是特别会议；认真准备回答听众的疑问，并认识到这些以新颖和个性化的方式来表达自己想法的机会的价值。

挖掘使这些想法保持新颖和激动人心的方法。（88 页提供了一个事例）

也许更为重要的是，采取能够突显公司将要实行的新习惯、新风格和新价值观的行动。诸如对招募和培训程序做一些选择性的调整之类的事例——见附录6。

最大的不幸就是这些愿景宣传不够。尤其是在发动改革和初见成效之间的这两个阶段期间，领导者很容易这么想：“我会在取得一些真正的成绩之后再谈论它。”不过，除非领导者努力让人们牢记这个愿景，否则他很可能会面临这样的危险——先前的所有努力都付之东流。

重新措辞

使想法保持新颖的事例

当詹·卡尔森于20世纪80年代掌管斯堪的纳维亚航空公司时，他发现必须大力提高乘客服务质量。

虽然“乘客服务”一直是詹·卡尔森大力倡导的主题，但这个措辞由于被滥用而很快失去了效果，当卡尔森发明并宣传“关键时刻”这一措辞时，他重新赋予“乘客服务”这一主题以强烈生动的内涵——对那些反对改革的人员来说更是如此。

公司员工逐渐意识到，在每个航班上，某个服务人员为乘客服务的时候就是一个“关键时刻”——这是一个独一无二的、生动的和神圣的时刻，这时员工应该全力为乘客服务，这也是一个为公司增光或者抹黑的时刻。

练习

总结你最重要方案的宣传策略。参照附录6选择进一步强化你方案的方法。

这就是始终瞪着眼的洛佩斯：

他们中的半数正排成排敲击出曼波舞的节奏。

在本章中，
阿历克斯造了一个“蜂巢”。

第 11 章
动力：鼓励发挥主动性

“我想这次会议只需要一小时，”阿历克斯在召开第五次管理工作周会时说道，“我们首先从一些重要的消息开始，然后快速审核一下财务，最后检查一下星际探险计划的进展情况，大家觉得怎么样？”

主管们都点头表示同意。

“那好，我确实有一些消息要告诉大家，”阿历克斯继续说道，“但我想这不是一个好消息。我今天早上听说一个叫麦哥奎斯特的网络公司已经向我们的潜在客户 Surf-Earn.com 进行了投标。麦哥奎斯特网络公司位于西雅图，据称得到了比尔・盖茨的支持，因此这次投标几乎肯定会成功。而麦哥奎斯特网络公司的全球代理机构是克罗斯 & 卢比肯公司，它们的这种关系已经维持很多年了。我们都明白那意味着什么——我想我们不会赢得上周的投标。”

考虑到他们为那次投标已付出的努力，会议室里弥漫着浓烈的沮丧气氛。阿历克斯试图打破这种突如其来的悲伤：“既然这样，道格，我们还有哪些别的线索？”

道格讲述了一下他们正在努力争取的标的，但并没有什么惊奇之处。于是阿历克斯接着请斯蒂夫通报了财务状况。“这应该会让大家高兴点儿。”他想。

“总的来说，我们实现了与预测相符的收支平衡，”斯蒂夫说道，“除了一个例外项目之外。”斯蒂夫给他们留了一点儿时间看财务数据，然后接着说道，“这个例外项目使我们获得了25 万英镑的赢利。这笔钱将会给我们几个星期的额外喘息时间，不过不出四个月，我们仍然会出现赤字。”

“那么这个例外项目是从哪儿来的呢？”道格问道。

斯蒂夫瞄了阿历克斯一眼。“这是我们过去所买断的某个电视广告的回扣，”他说道，“不过我们不能指望再次获得这样的回扣。”

阿历克斯迅速把话题转移到了最后一个会议日程上来。“在以后所有的管理工作会议上，”他说道，“我希望大家总结一下计划实施的动力和进展情况。斯蒂夫会给我们讲述削减开支的进展情况，而我则给大家讲述星际探险计划的实施方案。大家说好了，在进行这些总结之前要做好充分的准备。我们不能啰里啰唆地浪费同事的时间。”

斯蒂夫用了5分钟时间汇报了在最后期限日益临近情况下削减开支的进展状况，然后把发言权交给了阿历克斯。

“大家觉得我们在激发员工的主动性以充实和实施星际探险计划方面做得够不够？在以后的会议上，我们也会检查并确保把任何早期突破吸收到我们的正常工作中来，同时克服出现的任何障碍。”

“还是让我们谈一下主动性的问题，”阿历克斯在转向桑德拉和道格的同时继续说道，“你们想出的那个关于内部网的主意就是一个很好的例证——我们应该鼓励更多那样的事情——见效大、几乎不花成本而且容易落实。不过，你们部门内部还有什么主意吗——我们将如何激发出更大的主动性？”

接下来，每个主管都主动说出了各自部门内的新点子，阿历克斯迅速做出了哪些点子应该落实的决策。“这就是主动性的集中表现，”阿历克斯总结道，“不过我们需要更多那样的思考——公司的每个人都要思考，包括接待人员、绘图人员和初级业务主管。而且我不想集体总结所有这些点子。我希望员工起而做之，最多获取其所在部门主管的同意即可。不过我不希望看到这又演变为官僚行为。”

“那样的话，我们需要明确一些责任。”桑德拉说道。

所有人都凝视着这位创意主管——她是他们最没想到提出这种要求的人。

“以行业专项技能为例，”桑德拉继续说道，“我们银行业的客户和目标客户与制造业或电信业的客户有着不同的需求。有些需求的差异很小，但其他的需求差异则非常之大。

“我们都同意公司必须增强对客户行业的洞察力。但我们在电信方面的专业技术却是分散在整个公司的，举个例子来说，专家们从不互相讨论——熟悉电信知识的业务主管没有与熟悉电信知识的创意主管进行切磋的论坛。”

其他人都点头表示同意，同时也都惊讶于桑德拉竟然有了改变，讨论起客户来了。

“这就好比，我们是酿蜜的蜜蜂，不过我们却没有蜂巢！”桑德拉继续说道。

“你是不是说我们应该有行业团队呢？”道格明确说道，他在寻找一些实际的东西，“由公司各部分挑选的人员组成的团队？”

所有人都知道这个主意能够直接带来好处。“为什么以前我们没有这么做呢？”他们都在想。

不过，弗兰克再也坐不住了。“我认为我们需要谨慎行事，”他说，“公司员工会感到迷惑。我们正在打破公司旧的结构，代之以这些团队。没有人会清楚谁负责什么。”

弗兰克的同事们都沉默地看着他。他们并没有为这个想法所迷惑——他们能够准确认识到这些团队是如何锁定并追击某个具体行业领域的目标的，他们也能够认识到这个方法比现行的方法更好。

阿历克斯决定帮助弗兰克摆脱被同事沉默凝视的窘境。“我们现在就把它写出来，”他说道，“这只用 5 分钟就够了。我们需要单列一张纸，上面记录下哪个行业团队有哪些人。在这张纸的下面将列出我们所期望的三到四个组合结果。今天下午就把它传到内部网上去……桑德拉——这真是一个好主意。”

桑德拉不情愿地接受了她仍然认为创造性不如她的阿历克斯的赞扬。

动 力

即使在领导者已经凭借一个崇高的、值得称赞的愿景而激励了他的组织时，他仍然会注意到一个明显的现象——什么都没有改变！

用斯坦福大学杰弗利·普佛教授的话说：“为何人人要求改变……却没有人进行任何改变呢？”

问题当然不在于组织没有动力——相反，问题很可能出在组织太有动力了……只不过是反方向的动力而已。领导者可能已经赢得了下属的信任，使他们接受了自己的思想，并且许诺尽其所能地支持他——不过此时他还需要赢得他们的实际支持。这是领导能力的第三个方面。

鼓励人们发挥主动性

为了赋予团队或者组织朝正确方向前进的动力，领导者首先应该鼓励人们发挥适当的主动性。

尽管直接使用“胡萝卜和大棒”手段使别人行动是诱人的，但优秀的领导者应该首先检查一下有没有什么职责关系必须重新分配。大公司的领导者可能需要重组汇报关系，或者设立新的机构。相比之下，小公司的领导可能仅仅需要调整一下特定个体的责任和义务。

不管采取哪种方法，领导者都改变了“蜂巢”般的职责关系，而这种职责关系决定了组织的结构。完成了这一步之后，领导者还有另外四种手段可以运用——如下页所示。

“发挥主动性的欲望”既塑造了组织文化，同时也为组织文化所塑造。鉴于它的重要性，一旦出色的领导者已经采取了其他创造动力的措施，他就会频繁地回过头来解决这个问题。

鼓励发挥主动性

1. 改变组织内部“蜂巢”般的群体职责关系（或者团队内部“蜂巢”般的个体职责关系）

确保相关目标、资源和职责关系协同定位，帮助群体理解他们之间如何协调，检查并确保每个群体都被有效领导并有一个明确的任务，需要时解散其他机构，另设新机构。

2. 灌输简单的行为准则

至少要形成召开会议的惯例，以对一系列获得一致同意的举措、职责关系和期限做出决策。如果必要的话，在你所参加的会议上率先做一个表率。

3. 相互渗透

组建功能相互交叉的团队，这些团队由受人尊敬的相对独立的个体组成。这些团队往往会形成由他们自己主动性导向的文化——因而能够成为打击作风懒散部门的桥头堡。

4. 奖励冒险

例如，表明冒险是合理的。一家大公司的经理进行了一次经过深入分析但最终却带来了灾难性后果的冒险后，反而得到提升。对公司来说，这次提升是有风险的，不过这种举措所传达出的信息却具有双倍功效。

5. 使用胡萝卜和大棒

奖励通过发挥企业家般的主动性而取得的巨大进展。警告（或惩罚）这种主动性的缺失。考虑使用私人祝贺、公开赞扬、提升、加薪等手段。

练习

在你所领导的团队或者组织里，鉴别哪些个体（或群体）行动积极，哪些个体（或群体）作风懒散，然后采取适当措施。

措辞糟糕的营销

在本章中，
阿历克斯依靠了先前的几次成功。

第12章
动力：激励进展

“凯莉，你能告诉我这个该死的装置怎么用吗？”阿历克斯问道，“我想给公司全体员工发布一个声讯信息。”

凯莉按了一些键，帮阿历克斯调好后，阿历克斯就开始宣读他兴奋地匆忙写就的关键要点。

“我是阿历克斯，有一个消息要告诉大家。大家知道，三个星期之前，我们对 Surf-Earn.com 进行了投标。这是一家重要的目标客户，而且投标后不久我们就听说 Surf-Earn.com 即将被另一家公司所吞并，而那个公司只使用克罗斯 & 卢比肯公司作为它的广告代理公司，因此我们当时感到很失望。不过，我刚刚和 Surf-Earn.com 的执行总裁进行了会谈，我想把这个消息尽快地传达给大家——我很高兴地告诉大家我们已经拿下了这项业务。

“这次胜利是在面临诸多激烈竞争的情况下取得的——不仅有来自克罗斯 & 卢比肯公司的竞争，还有来自其他很多非常想为这个高姿态公司服务的代理商们的竞争。我们的胜利充分证明我们的团队合作——尤其是桑德拉和道格协同努力的新工作方式是非常有效的。这个客户特别提到我们新颖的工作方式是他们选择我们的原因。我想让大家都尽快知道这个消息。祝贺大家！”

阿历克斯按下 # 键，这个消息同时发到了 70 位公司员工那里。

几小时后，主管们召开了他们例行的星际探险计划进展情况总结周会。“今天我想让大家集中讨论‘激励进展’这个话题。”阿历克斯开始说道。

“我不想显得很无知，”特里打断了阿历克斯的话，“不过你反复使用的‘Galvanise’这个词的确切意思是什么？”

“Galvanise，”桑德拉应答道，“就是激发、刺激或者使人兴奋的意思——就像电击一样。”桑德拉操起她作为广告词撰写人的老本行来了。

“是的，就是这个意思，”阿历克斯肯定地说道，“我们领导层的职责就是使整个公司被激发起来、刺激起来和兴奋起来。

如果可能的话，我倾向于不使用电击这种说法，不过我们的职责确实就是定步子的人——而未必要做和事佬！”阿历克斯的这一双关语[1]，在这些有很高的语言游戏水平的人里面甚至也没有引起笑声。“因此，为了加快进展，”阿历克斯继续说道，“我想让大家做三件事情：第一，巩固我们迄今所取得的成绩；第二，创造更多的‘先期成功’；第三，找到我们需要进一步推出的任何方案。”

“迄今为止，我们所取得的最大成就是拿下了 Surf-Earn.com，”道格说道，“我猜你说的‘巩固已取得的进展’是指把这个成功模式应用到我们的日常工作实践中去？……那么，首先，我们应该确保我们对所投标的项目始终做出了高质量的调查。”

“不过我们确实做到了！”弗兰克坚持为自己的策划团队辩解。

“如果我们眼界狭小、防御守成的话，我们将一事无成，”阿历克斯打断道，“我们要改进公司的方方面面——包括我作为执行总裁的工作。道格，你继续解释你刚才所说的话。”

道格讲了一些想法，其他的主管也都讲了自己的看法。有些想法听起来很一般，不过却很合理——比如，为团队草拟标准核对单，供他们对目标标的进行调查时使用。其他的想法听起来更

[1] Pacemaker 意为定速度者，Peacemaker“和事佬”。双关语正是指这两个音形相近的词。

吸引人，不过对于它们是否切实可行还需要进一步仔细调查——比如，设立一个随时待命的快速反应团队以时刻准备向潜在客户进行投标。

但在20分钟内，他们已经提出了几个新想法，并决定规定其为“标准行为”。这些主意都是从对Surf-Earn.com的示范性投标中产生的。

“那么，”阿历克斯命令道，“下面进行第二项议程：我们还能够创造哪些‘先期成功’？在现有客户服务质量方面，我们还有什么可以提高的地方？或者说在其他方面有没有可以改进的地方？我们在寻找易于操作的想法，寻找显示星际探险计划确实奏效，从而鼓励全体员工的想法。”

“那肯定是关于增加收入，减少开支的事情，”斯蒂夫坚持道，“不要忘了我们的资金流动情况。”

阿历克斯再次提出了出售那些艺术收藏品的话题，但遭到了一致的反对。已经没有什么其他开支可以削减了——阿历克斯最初的“家务管理”方案已经包含了所有方面。不过阿历克斯决定他们应该提出一些想法，他提了一些小建议，获得了大家的同意。

最后，他们开始讨论确定额外的中期方案。这些方案与星际探险计划相关，不过却把这些主题延伸到公司内部更广的范围上。阿历克斯希望这样会使公司的注意力集中到这个任务上来。

新成立的行业团队似乎有了一个富有成效的起点。他们讨论着扩展这个计划，决定制订一个战略方案以更准确地确定集中于哪个行业部门。这个举措肯定会提高行业洞察力，增强合作。而且他们特别热心于成立一个专攻网络公司的小组。

虽然讨论了这个战略方案，不过他们决定过些时候再实施它。他们觉得公司已经进行的改革需要很长一段时间才能消化。即使他们现在的计划进展也不会一帆风顺……

激励进展

领导者和他的合作者已经推出了一个激动人心的愿景，并且采取了初步措施以激发动力。不过动力仍然不足，哪个地方出问题了呢？领导者又如何应对呢？

在这个时候，组织发展的动力直接与领导者和他直接领导的团队的“动力”成正比。这时，能干的领导者不会只是静坐反思，相反，他会把大部分时间用于和其他人进行面对面的交流。为了激励别人加倍努力，在初期进展的基础上继续前进，他们——

致力于追求“先期成功”和快速的成功。

比如，他们可以宣布成功地确立了（即使还没有完成）一个示范方案，这个方案将会奠定后来在全公司范围内进行宣传的基础。要能宣布取得这样的成功，显然需要领导者——或者最高管理层——业已对方案进展状况做好总结（仅仅宣布总结日期也经常会刺激相关经理们的神经，从而促使他们采取行动）。

巩固进展，并使它像棘轮（注：一种能实现密切咬合的齿轮状机械装置）**一样融入到新的方法中去。**

领导者应该发展组织的新信息体制、程序或者结构（可能仅仅是暂时的体制、程序或者结构），以迅速引导团队或者组织养成它正开始形成的良好习惯。

推出能够强化主要任务的方案。

比如，为了提高销售队伍的效率，领导者可能会推出额外方案，集中处理销售人员的报酬问题，或者培训新销售人员以提高他们的生产力和持续力。通过推行几个合适的相关方案，领导者不仅为他的整体计划赢得了更多的“起步时间”，而且吸引了经理们很大部分的注意力。

发现毛病或者老毛病，并改正这些毛病。

在集体会议上或者一对一的谈话中，应用适当的手段或者对抗来处理没有进展的问题。为了传达重要的信息，领导者的措辞应该谨慎。比如，对于那些虽然努力工作，但却朝着建议的方向缓慢前进的团队，领导者可以使用“我们只对结果而不是过程感兴趣”之类的措辞。

一个典型的演进表

领导者	最初不置可否的经理	最初反对改革者
愿景和感召	这在理论上可能行得通，但我太忙了，顾不上考虑它	这并不是什么改革——也许它会泡汤
鼓励推出方案	看起来它们也许真行	这可能真会威胁我舒适的生活（和世界）——我需要同伙帮我阻止这些改革
宣布即将召开第一次进展总结会	我认为最好做出点成绩来	我最好伪造结果，寻找借口（以及新方式的反对意见）
高级管理层进展总结会	我想我这次得以幸免……但仅仅如此	别的伙计真的靠他们的成绩挣得了荣誉
宣布先期成功事例	也许这个方法真能奏效	我仍然有时间组织反对
与关键人员进行私人会谈	我想是认真对待的时候了	哎唷！这真的很痛苦！
巩固新方法比如新汇报体制	我并不认可我团队中的新成员	这些新措施的推行看来正使我变得毫无价值
重新宣布新任务，对反对者既往不咎	看起来它们也许真行，现在我正在掌握它们的用法	唷——侥幸逃脱。这是玩真的——我最好调整自己以适应重大的重组
宣示进一步的成功事例；进一步推出相关方案	我想我最好参与	我想我最好还是参与

练习

对于你正在领导的任务，勾勒出你用来激励进展的方案。

“没错，我肯定爱因斯坦非常聪明，
不过也许你们没注意到……今天的任务是引发爆炸。”

在本章中，
阿历克斯清除了一些路障。

第 13 章
动力：清除障碍

在接下来的六个星期里，成立一个专门对付网络业的小组的主意逐渐得到了公司上下的一致同意。

根据主管们的建议，阿历克斯组建了一个相关的团队。道格主动推荐莱恩——他手下的一个项目主管——领导这个团队。桑德拉也表示同意，这个团队似乎已经准备好开始运转。

不过，十天之后，当阿历克斯用咖啡机磨咖啡的时候，他无意中听到了一段让他分神的对话。另一个业务主管在拐角处问道："莱恩，我听说你在负责管理这个网络团队——这个团队运转得怎么样啊？"

"我还没时间去考虑这个团队——我正忙着一项对 IBM 的投

标工作。”

“哇——IBM，”莱恩的同事应声道，“我过去还不知道我们会为他们服务呢！”

“道格告诉我这是当务之急，”莱恩答道，“我必须放下其他任何事情——我在这项工作上一天要用上15小时。”

“我猜你由于这个工作肯定会获得很多奖赏。”

“完全正确，”莱恩肯定地说道，“如果我们今年真的分红的话，我会获得很多的加时奖，甚至准备那个投标的时间也算加时，更不用说我们一旦中标了。”阿历克斯听莱恩继续愉快地说着，不过却没有听到莱恩再次提及网络团队的事情！

几分钟后，阿历克斯走进道格的办公室，关上了门。

“我们遇到了一个问题，”阿历克斯开始说道，“是关于莱恩和网络团队的问题。我听说他正在把大部分时间用在对IBM的投标上，有这事吗？”“没有这回事啊，”道格答道，“我让他把一半时间用在对IBM的投标上面，另一半时间用在领导网络团队上面。”

“我敢打赌实际工作中不是这么回事，而且，道格，当下次我们总结这个项目进展时，我可不想把时间浪费在没有成果的会议上。你至少应该检查一下，看看他是否已经使那个团队运转起来了。”

那天晚些时候，道格来到了阿历克斯的办公室。他充满歉意地承认迄今为止莱恩确实没有做出什么成绩来。当阿历克斯让他说一下细节的时候，他承认莱恩甚至还没有召集团队开过一次会。

但道格却为莱恩辩护起来，他指出业务主管的激励机制只奖励直接花在客户业务上的时间。

“那么告诉莱恩这个项目将可以拿到全额奖励，”阿历克斯说道，“将来我们还会有更多这样的项目，因此我们最好修改这个激励机制。同时告诉他我个人已经批准了这个奖励。”

“好的。”道格说道，他为自己能够如此轻易地逃脱而感到欣慰。

“不过仅仅这样还不够，你认为呢？”阿历克斯问道。

“什么意思？”道格一脸无辜地答道。

“是这样，即使修改了激励机制，莱恩仍然会认为争取赢得一个潜在客户的工作更重要。”

“我也这么认为……”

阿历克斯考虑着如何让莱恩从道格那里获得更多的自由时间。“道格不仅能够而且愿意给莱恩更多的自由时间，”阿历克斯想道，“道格属于高能力、高意愿的那类人——因此他不需要我去说服。正确的方法是‘倚重和委任——但在必要时通过解决问题给予支持’。”

“我们都认为莱恩是从事这项工作的最佳人选，”阿历克斯开始说道，“不过如果你不能说服他匀出时间的话，那么我们将不得不重新物色该团队的领导。这将是很糟糕的消息——我不想让公司看着我们在第一个跨部门组成的团队上原地踏步。这不会提高我们高级管理层的声望，是不是？”

道格想了一会儿。一方面，阿历克斯是对的；但另一方面，道格又确实需要莱恩帮他准备对 IBM 的投标工作。道格似乎陷入了困境。

“你刚刚聘用的那个新人怎么样？”阿历克斯问道。

“你是说拉契尔？”

“是的，”阿历克斯说道，“她在微软干过——她肯定深谙互联网的知识。为什么不让她代替莱恩呢？”

“可是拉契尔在广告业方面的背景知识还不够丰富……”

“我曾经面试过她，”阿历克斯反驳道，“我认为她相当博学。为什么不让莱恩把三分之一的时间用于网络项目工作，并让拉契尔做他的副手呢？”

道格不情愿地同意了——尽管他已经打算让拉契尔做另一个业务。“我期待着下个星期对这个项目的总结……”阿历克斯淘气地笑着说道，“它最好进展良好！”

不过，当道格离开他的办公室时，他并没有笑。对于清除前进途中的路障而言，改革分红和奖励机制很容易。这仅仅需要把方向不对的程序重归正轨就行了。

相对而言解雇员工就头疼得多了。然而，阿历克斯觉得他别无选择。在阿历克斯加盟该公司的三个月里，他一直在认真观察弗兰克的表现。现在已经很清楚，弗兰克已经成为阿历克斯必须直接面对的障碍。弗兰克为他手下的六名策划人员树立了一个坏榜样，他对改革的消极抵制搅得员工们很不安，同时也拖住了自己。阿历克斯拿起电话，和蒂克诺尤公司的雇用律师通了电话。

清除障碍

在创造动力的过程中，几种典型的妨害组织发展的障碍为：（1）错置的程序；（2）某些经理和员工无助的举措。能干的领导者会留意出现的障碍，并亲自（或间接）采取行动迅速清除它们。

错置的程序是指适合旧方法却不适应新方法的体制、过程和工作方式。理论上讲，程序错误是能够预料和事先预防的（如下页所示）。

无助的举措包括逃避、消极抵制以及有时直接的政治迫害。这些障碍更难完全预见，因而更难事先预防。

在处理这些问题的过程中，关键是找出抵制者逃避改革的原因，判断领导者和抵制者各自所拥有的力量和信息。只有这样，领导者才能运用适当的策略击败反对者。

尽管抵制源于敌意和不怀好意，但它也可能源于其他方面——这些方面相对容易解决。这些方面包括：（1）不同意（或不理解）任何要求改革的外部市场因素；（2）看不到在声誉、工作量等方面的改革给个体带来的收益与成本。

重温第9章“征召与联合”和附录7，学习处理这些问题的技巧。

可预见的错误程序

近期/短期：

每周或者每月对主管、经理和员工们所做的执行报告没有围绕（乃至揭示）新近通过的“绩效关键因素”。

至关重要的、新型的信息和物质的流通路径没有完全吻合。

暂用的新型实施速度监管系统不够先进或使用不当。

中/长期：

对个体或者部门的业绩评估系统仍然专注于使用过时的标准。

新的决策平台（尤其是功能交叉的平台）没有建立，由不适当的人员组成，没能接受或者完成所要求的工作，或者在成立初期就产生了功能紊乱的毛病。

聘用和提升决策传达出与新价值标准或方法相冲突的信息。

很明显，预见到这些问题并事先预防它们出现有很多好处。

最重要的程序问题应该早在充实愿景时就得到解决。

例如，要调整销售队伍，领导者或者他的管理团队可以先生动地想象出“理想的销售人员”或“理想的销售经理”的新形象——并且确保让相关的落实团队牢记这个形象。这将成为保持 HR（人力资源）程序与公司其他改革相一致的标准。

当问题没有进展时应当采用适当的手段来处理，
先解决重要问题，
选择复活节彩蛋而不是香蕉皮。

在本章中，
阿历克斯对公司员工的紧迫感进行了总结。

第14章 催促与庆贺

阿历克斯在这家公司的任职时间刚刚超过三个月，他认为已经到了总结他本人工作成绩的时候了。

公司的现金流动情况达到了预想的最好水平。在斯蒂夫的帮助下，阿历克斯最初的开支削减措施已经开始使公司财务逼近收支平衡的底线。

不过即使按当前的情况，两个月后公司仍然会入不敷出。削减开支已无太大回旋余地，唯一的希望在于赢得更多的业务。

这就是星际探险计划必须显出实效的地方。几个月以前成立的行业团队看起来前途远大。阿历克斯尤其对那个网络团队寄予厚望，在网络界，公司由于成功投标 Surf-Earn.com 而名声大震。

但是阿历克斯仍然想知道他是否应该做更多的事情。阿历克斯从他的公文包里抽出了一张纸——上面写有他几个月前与迈克尔交谈时记下的一些摘要，开始总结起自己迄今为止的工作成绩。

当阿历克斯集中思考自己领导能力的两个具体方面时，他向后浏览着桌上的日历，看自己是否已经充分地激发了公司员工的紧迫感，是否对迄今为止所取得的成功——无论多么微小——予以了足够的宣传。

阿历克斯在“激发紧迫感”，更广泛地说在“催人奋进”方面给自己打了高分。他觉得自己已经采取了很多措施，不仅给了员工一个不得不迅速使公司业绩好转的印象，而且催促、引诱、鼓励和支持着他们的努力。

阿历克斯采取的第一步措施是，在走马上任公司首席执行官伊始，就立即向各级主管们展示了他扭转公司经营状况的计划。

早在上任后的第二周，阿历克斯就让公司业务主管和创意人员们与客户进行了面对面的交流，这些客户以前就曾坦率地列出无可辩驳的事实证明该公司为什么必须改革。

上任后的第三周，阿历克斯就投入了所有必需的时间来推出他为公司所设计的更宏大的愿景。另外，他还确保公司全体人员都观看了关于客户对他们评价的录像带。

阿历克斯身先士卒，在赢得对 Surf-Earn. com 投标的过程中付出了不懈努力。

在网络项目方面，阿历克斯小心谨慎，不让这个明显的“额外”方案泡汤——尽管他必须诱使道格为莱恩匀出更多的自由时间。

阿历克斯解雇弗兰克的举措得到了公司员工的普遍支持，同时，这一举措也给他们留下了一个必须抓紧时间落实星际探险计划的印象。

不过，阿历克斯深信他在褒奖力度方面做得还不够。

阿历克斯当然知道他在走钢丝。褒奖太少有使公司员工士气低落的危险——工作越来越多而欢乐却越来越少。但是他觉得褒奖太多又有造成一种安全感的错觉从而减少工作动力的危险。

不过，此时阿历克斯在想他以前在庆贺成功方面是不是也太吝啬了。在获知他们赢得了对 Surf-Earn.com 的投标这个消息后，他们确实狂欢了一场，但是阿历克斯并没有举行进一步的欢庆活动。他决定改变这种不平衡现象，尽管只有赢得一个大客户才值得彻底狂欢。

同时，阿历克斯还打算挖掘小一些的成功事例来加以庆贺。桑德拉和道格进行有效合作已经肯定获得了某种形式的认可。卢克最终采取合作态度，扩展公司内部网并使其具有更多信息协调功能是又一个例子。在专心思考几分钟之后，阿历克斯又想出了六件值得祝贺的事情。

阿历克斯的思绪又重新回到了“紧迫感”这个问题上，他唯一的遗憾是他没有大刀阔斧地处理掉那些艺术收藏品。为了传达一个有力的信号，他原本应该那么做。但是，由于对这种处理方法的一致反对，阿历克斯认为他过去的措施是对的。

支撑 VIM

领导者所做的工作，有些集中在创建愿景上，有些集中在感召上，有些集中在动力上。其他的工作则是为了同时实现上述三个目的。这些工作措施包括：1）在进行适当庆贺的同时制造并保持一种紧迫感；2）身先士卒，展示愿景中暗含或明示的价值观；3）自始至终集中组织的注意力。

催促与庆贺

领导者的方案始终存在着实施不力的危险——如果相关人员没有考虑给予足够投入的话。当这个新方案需要加班加点，或者需要对关键的经费做重新调配时，甚至承诺改革的员工也经常奉行“肯定做……但是晚些时候再做”的信条。

认识到这一点，能干的领导者就会创造一种对新方案的紧迫感，并寻找新方法以保持这种紧迫感。这需要：

领导层进行坦率的初期讨论，经过激烈的争论，最终做出明确的决策。这一步应该得出行动的先后次序、最后期限和职责关系。虽然这听起来简单易懂，但是很多领导层确实会犯预料之中的错误：未能收集到相关事实；不相信包含在逸事逸闻中的重要证据；或者不愿相信他们的直觉和设想（等有了更多事实后再说吧）。

领导者随后的个人行动。如下页所示，能干的领导者借助于组织内非正式“小道消息”——拒绝完全依赖“大众传播”的正式程序，推动方案的实施。

自始至终，有效的领导者还鼓励进行庆贺。

保持紧迫感

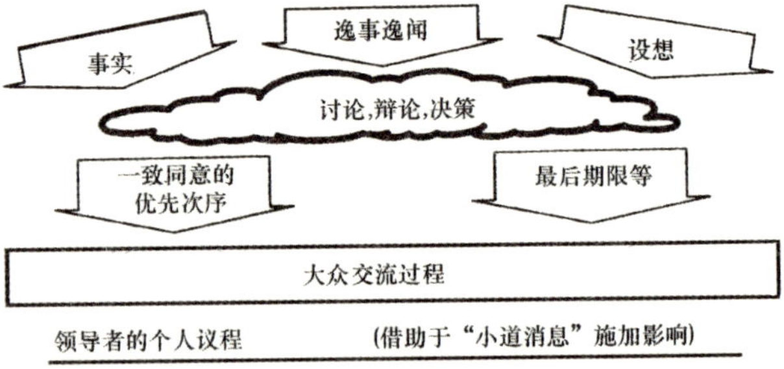

与一线工人、项目团队成员（常以级别高低为顺序）以及高级经理和资源协调员们进行私人交谈。

“这肯定很重要——他特地来看望我。”

发出明确的信号，从“出售公司喷气式飞机”到“为了集中讨论而改变董事会椅子摆放”。

“他肯定说到做到，因为……”

召开预先安排好的总结会及其与关键人员的临时会议采取后续措施，“那次总结会上他的行为方式表明这肯定仍是当务之急”。

练习

回顾（或确立）对你所领导的方案保持紧迫感的日程。

经过彻底地检查后，
赫胥黎非常高兴在救生艇里
事实上没有那么一条巨大的在扭动着的蛇。

在本章中，
阿历克斯成为“走廊闲谈”的主题。

第 15 章 践行价值标准

“我还是摸不准阿历克斯这家伙。”桑德拉在第一次和道格共进午餐时说道。

“你什么意思？”道格问道。

“他一点儿个性都没有。”桑德拉答道。

“你是指他没有飘逸的头发、银色的光圈和金色的光环吗？”

“我只是觉得他太实际了，”桑德拉答道，“一点儿都不神秘、可爱。”

“我明白你的意思，”道格说道，“但他确实很有魅力。而且，他聪明、敢做敢为、待人公正。”

“我不这么认为，”桑德拉反驳道，“他总是打造新文化——

创造力和合作。但是他自己真的很有创造力吗？”

“他确实是团队里的一员——一个合作者。而且，就算你认为他没有创造力，他还是想出了一些好点子——比如让那些客户与你手下的创意人员和我手下的业务主管们进行直接交流。”

“你把那称为有创意的点子？”桑德拉逼问道。

道格正准备戏谑桑德拉收藏的艺术品很有创意，以此来还击她的逼问。但他重新想了一下，决定不这么做——他开始喜欢和桑德拉交谈了，而且已经在考虑是否应该找个时间约她出来共进晚餐了。

莱恩和他的下属拉契尔正在公司小卖部共进三明治午餐。

“那么，你如何评价我们伟大的领导者？”拉契尔问道。

“他真是个讨厌的家伙。”莱恩回想着他未能参加的五次爱德兰宴会嘀咕道。他醒着的每一刻都花在准备对 IBM 进行投标和负责网络项目这两件事上了。

“我认为我们公司正需要这样的人，”拉契尔断言道，她从来不以迎合她的顶头上司站稳脚跟。

“你怎么能这么想呢？”莱恩逼问道。

“当我参加面试应聘这个工作时，他真的让我很难受，”拉契尔答道，“这是我曾经经历的最全面的面试。”

“那么你印象最深的是什么呢？”

“他们在我简历的基本情况上面只花了 5 分钟，”拉契尔回答道，“不过他用大部分时间来考查我的创造力和团队合作意识——不仅仅是泛泛而谈——他还要我举出具体事例。他甚至向我提出了‘下水道洞口为什么是圆的’这样的问题。嗯，当他滔滔不绝地讲关于创造力和团队合作的新愿景时，我确信他真的会说到做到。而且据我进入公司以来的观察，我认为他是对的。”

莱恩喝了一大口可乐，扫了拉契尔一眼，心里想面试这名新员工时自己又给他留下了什么印象呢。

卢克和特里正在给公司内部网的一些新网页做最后的润色。

“你认为我们能够按时把它做好并投入使用吗？”特里问道，“我媒介部的伙计们恰好都在忙别的事情——我们不能指望他们投入太多的时间，如果我们必须更新这些网页的话。”

“我们必须赶在最后期限之前把它做完。”卢克答道。

“为什么？”特里问道，“你害怕晚了阿历克斯惩罚你吗？”他喜欢拿一本正经的卢克开玩笑。

“我们的新CEO总是致力于抓紧时间，”卢克一边敲击键盘，一边回答道，“所以我认为我们不能晚。”

公司夏季宴会即将举行，凯莉正在与组委会的另外一名成员——桑德拉的秘书讨论相关的安排工作。

“我想今年的晚会没打算花很多钱。”创意部主管的秘书说道。

“是的，”凯莉说，“我们最多有1000英镑的预算，那意味着一个人还不到20英镑。”

“阿历克斯对这件事有什么好主意吗？”

“我想他在期待我们想出好主意。”凯莉指出。

“对此，我一点儿都不觉得奇怪。”

“你为什么这么说？”凯莉惊奇地问道。

“你知道桑德拉说过的话吗？她认为对公司来讲，阿历克斯没有足够的创造力。”桑德拉的秘书透露道。

“我认为他播放那个星际探险的录像带就是一个好主意，”凯莉说道，“他给我们播放客户对公司评价的录像带不也是一个好主意吗？”

“桑德拉估计那不是阿历克斯的主意。她说那些主意是阿历克斯请某个通信专家构思的。”

凯莉惊讶地看着她：“好吧，你可以告诉桑德拉，那些主意确实是阿历克斯构思的。我看到了他为了挖掘令人兴奋和高兴的事情而做的所有笔记。如果桑德拉确实认为阿历克斯从某个专家那里听取了意见的话，那么，她就等于承认阿历克斯的主意终究是富有创意的。”

践行价值标准

做一个良好的表率是出色的领导者巩固其创造愿景、感召和动力这一程序的第二个方法。

通过自己的直接观察及在组织内部迅速传播的小道消息的影响下，人们逐渐形成了他们自己对领导者的印象。尤其在团队（或组织）发生重大变革的时候，人们会对领导者做出评价——而且会很快地对其做出评价。

追随者们考察领导者的总体领导特点，包括勇气、处变不惊以及其他在附录 2 中所提到的特征。

不过，人们总是会目不转睛地密切注意他人的行为方式并关注其前后不一致的地方。因此一个组织也会判断领导者是否遵守了他自己在组织内部所倡导的特定价值观和主题。

领导者身边的团队和人员将会注意领导者如何行事；他们会告诉公司里的其他人；同时将会出现一个关于他们领导者的描述。从一开始，关于领导者的传奇就在朝或好或坏的方向孕育和发展。

不过，人们不仅仅评价他们的领导者——最终还会有很多人模仿他。领导者“践行价值标准”的方式会对公司文化产生巨大的影响。

下一页提供了能干的领导者是如何通过组织考验——以及准领导者为什么没能通过考验的例子。

践行价值标准的例子

考验领导者为组织指定的潜在新"主题"	通过考验的领导者表现	未能通过考验的领导者表现
重视顾客	亲自与顾客交流以评价服务水平。	委派营销部门做顾客调查并完全依赖他们的调查报告。
开放坦率	聆听并根据下属人员的个人反馈实施行动。	发起反馈活动，自己却不参加。
创造力	用新颖和富有魅力的方式进行陈述。	否决标新立异的新奇主意——比如关于公司内部网的主意。
多样化	从相关的少数群体中遴选合作人员担任高级职务。	容忍其他人对公司少数群体的不当行为。
彻底的团队作业	超额完成需要自己卷起袖子亲自干的工作。	由于未预见到的重大危机而未能完成工作。
私人接触	"太奇怪了！——他好像认识公司所有人！"凭借他认识公司所有人的非凡能力使其他人感到惊奇。	"他到哪儿去了？我这儿全是他的电子邮件！"仅仅发送电子邮件而让大多数人都见不到他。

（续表）

合作	“我听说他真的在和他过去讨厌的那人亲密合作——我想知道发生了什么事？”与其他人——甚至从前的“对手”一起工作。	“我不能相信他居然那样嘲讽那个主管。”对别人进行幽默却饱含挖苦的评价。

练习

检查一下你是否在明确践行自己所主张的价值标准。向你的助手——或别的某个人——询问一下小道消息是怎么说你的。

随着群众游行事态扩大化，
捕兽人法勒猜测一定有什么向他们通风报信。

在本章中，
阿历克斯检查了他的广播设备。

第16章
集中注意力

阿历克斯点击鼠标，进入了公司内部网，他浏览着主页。这是公司所有人一进入这个系统就会看见的第一页，因此阿历克斯一直在小心地控制着那上面的东西。

虽然网络团队已经成为他最新使用的工具，在蒂克诺尤工作的16个星期里，阿历克斯还使用了其他各种方法以集中相关听众对其改革方案的注意力。

一开始，阿历克斯通过面对面地听取客户评价和阐释自己对公司的愿景抓住了他身边的领导团队。

阿历克斯的下一个目标听众是那些将受到星际探险计划很大影响的人。他采取了几个引人注目的措施以集中他们的思想，在这几个措施中，解雇弗兰克——策划部主管——是最有效的。

但是在过去的几个星期里，阿历克斯试图集中公司全体人员的注意力，让所有人牢记星际探险计划的重要性。这也是阿历克斯对内部网主页的内容如此重视的原因——它现在已经成为公司最重要的业绩指标的倍增器。鉴于削减开支的措施实施良好，阿历克斯工作的当务之急就成了尽快增加收入，因此现在这个主页上全部是公司最近做出的业绩。公司盈余（和亏损）的数量和大小是衡量业绩好坏的最重要指标。这些阿历克斯经常说的绩效关键指标（KPIS）现在就在这个系统上，所有人都能看到。

但是团队协作和互相合作也是至关紧要的，所以主页上也有相关的每日引言。今天的引言是：团队合作至关重要——它为你带来你可以责备的人！这种幽默阿历克斯是能接受的。

阿历克斯浏览着主页，结果看上去确实令人隐约感到振奋。“对了，”他想道，“既然一切都如期进行。现在我们只需要抓住一个真正的大客户——并且还要寄希望于没有主管跳槽转而成为对手……”

在对内部网表示满意的同时，阿历克斯突然想到那个旨在挖掘网络客户的团队。最近他很少听到这个团队的消息。他做了一个笔记，准备与莱恩和道格讨论这个项目，因为这个团队是保持组织对合作的注意力并赢得新客户的又一个具有很大潜力的途径。

这时凯莉走进了办公室，阿历克斯抬头看了一下。

“我不知道该不该说，”凯莉说道，“但是我刚才和道格的秘书聊了一会儿。她去他的办公室拿材料的时候看到了一些东西。”

阿历克斯扬了一下眉毛，感到很惊讶。

“道格不在他的办公室，”凯莉继续说道，“但是他的日程在那里。有……有……一个临时敲定的会议——是与麦哥奎斯特网络公司的会议。我真不知道该不该告诉你——也许你已经知道了？”

“麦哥奎斯特网络公司？”阿历克斯应声道，“不知道——他还没有告诉我任何与他们会见的事情。但是你为什么告诉我这个呢？”

“好吧……哦……好吧，”凯莉重新开始说道，“我在克罗斯 & 卢比肯公司有熟人。”

“麦哥奎斯特网络公司现在的广告代理商？”

“是的，”凯莉继续说道，“我们在大学时一起学的新闻学。总之，她说他们的老板正准备在一两天之内约见道格。”

“我明白了，”阿历克斯回应道，“谢谢你，凯莉。你做得很对。”

阿历克斯脑子飞快转起来。道格正在准备两个秘密会晤？一个是与麦哥奎斯特网络公司，它拥有我们的新客户 Surf-Earn.com。另一个是与克罗斯 & 卢比肯公司，它是麦哥奎斯特网络公司的广告代理商！阿历克斯停了一下。

这其中的暗含之意让阿历克斯瞠目结舌：“道格肯定在准备抛弃我们，加盟克罗斯 & 卢比肯公司。而且他很可能准备把我们与Surf-Earn.com的业务也带走！”

阿历克斯起身去找道格。尽管道格的秘书说他在这幢楼的某个地方，阿历克斯却没有在办公室找到他。最终阿历克斯通过广播找到了他。

“我们需要谈谈。”当道格赶到时似乎很激动，阿历克斯开始说道。

“是的，我们确实需要谈谈。”道格表示同意。

阿历克斯犹豫起来，想他是否应该主动出击。

“是关于麦哥奎斯特网络公司的事，”道格突然兴奋地说道，“我正要过来告诉你，但是来的路上我在桑德拉的办公室逗留了一会儿。”

“继续说下去。”阿历克斯机警地说道。

“我刚刚和麦哥奎斯特网络公司的营销主管通了电话——他下个月要去伦敦。他对我们初期投标Surf-Earn.com的工作印象很深。不过麦哥奎斯特网络公司正在筹划搞一个全球宣传——他想约我们磋商一下。我试着给你打电话——但是你和凯莉都占线。我已经临时敲定了一次会晤——我说等我和你与桑德拉核实后将再打电话给他们。”

阿历克斯在惊奇中深吸一口长气，感到如释重负，同时脸上也露出了奇怪的表情。“也许这根本就不是一个决策，”阿历克斯想道，“但是道格与克罗斯＆卢比肯公司的会晤又是怎么回事呢？”

“你没事吧？”道格问道。

“哦……没事，我刚才只是在想关于克罗斯 & 卢比肯公司的事，”阿历克斯试探性地问道，“我刚才在想过去麦哥奎斯特网络公司与克罗斯 & 卢比肯公司之间的合作关系牢不牢固？”

“不要担心这些，”道格说，“我将和我认识的克罗斯 & 卢比肯公司的一个员工进行一次秘密会晤。在我们与麦哥奎斯特网络公司会晤之前，我将搞到克罗斯 & 卢比肯公司的内部消息。”

集中注意力

能干的领导者善于抓住人们对其建议和方案的注意力，他“总是站在阳台上”。

他拥有神秘的技巧，在组织改革的连续阶段里，他清楚谁必须提供帮助。在实施这些方案的初期，能干的领导者寻找能够帮助他确定方向的个人和团队。然后他集中精力寻找那些能够把方案落到实处的人。最后，他致力于吸引组织大部分——或者全体人员的注意力。

四个吸引别人注意力的有效手段为：

1. 以一种紧迫感传达一个表述清晰的愿景（如前面章节列出的那样）。

2. 采取那些表明组织即将实施的运转方式的高调举措。如从“出售公司喷气式飞机”（以凸显财务谨慎）一直到“擢升持异议者”（以强调组织对创造力和革命性思考的需要）。

3. 积极运用“小道消息”。信息传播很少在组织内部中规中矩地进行。因此，能干的领导者会谨慎地在这种小道消息中加入适当的信息。

4. 借助“绩效关键指标”这一手段。最终，经理和操作人员们将会密切注意组织的最新进展。能干的领导者会确保“被密切关注的数字”紧扣他试图给组织带来的变化。例如，如果任务是让组织销售利润更大的产品，那么，他就可能要求经营报告突出强调销售人员的财政贡献而不仅仅是营业额。

下页概括了领导者如何根据他的总体改革方案来调整对具体受众的传达和交流手段。

具有渗透性的传达和交流手段

在改革方案的三个主要阶段，出色的领导者运用具体的传达和交流手段，逐步集中各种受众的注意力。

总体方案：

1. 确定发展方向，动员和争取积极的支持。
2. 把活力转变为集中的动力。
3. 保持新的工作方式，并把它作为进一步发展的跳板。

目标听众：

1. 改革旗手——领导层；
2. 资源控制人员——意见收集人员——大部分受影响的人员；
3. 大多数人员——公司全体员工。

传达目标信息的手段：

愿景；

紧迫感；

具有象征意义的行动；

对“小道消息”的运用；

关键绩效。

练习

评估你所领导的方案是否在吸引相应受众的注意力——是否能够保持他们的注意力。

就在小大角之战之前，
卡斯特将“极致的自制力”马吉提拔为号手。

在本章中，
阿历克斯变成了一个领导催生器。

第 17 章
领导还是管理

在接下来的几天里，阿历克斯整天待在办公室里。在全力准备与麦哥奎斯特网络公司会晤的日子里，阿历克斯靠咖啡和肾上腺素来支撑自己。麦哥奎斯特网络公司同样能够成为公司的救命稻草。

不过阿历克斯确实抽出了时间和莱恩谈应由莱恩领导的网络团队的事情。莱恩的办公室里充斥着先前废弃的广告宣传材料，阿历克斯吃力地绕过它们，在莱恩对面坐了下来。

“你有几分钟空闲吗？”阿历克斯问道，“我们必须谈谈网络团队的事。”

“有时间——我知道那个团队有多重要，”莱恩试图为自己辩解道，“坦白说，我很难获得别人的帮助。我们都在忙其他事情……它肯定是我所管理过的最难弄的团队……”

“这是你所管理过的最难弄的团队，还是你所领导过的最困难的团队？”阿历克斯追问道，“我的意思是……你如何看待自己的角色？”

莱恩试着寻找一个四平八稳的答案，但是最后还是集中在工作要务——他的工作方案上：“我认为我的工作就是，确保我们都明了各自应该贡献的东西——能够获得所有人一致同意的最终成品和最后期限。”莱恩在办公桌上寻找起相关材料，最终自豪地找到了他那份高明的工作方案。

阿历克斯在先前的总结会上曾经看过这份工作方案，但是现在他看待它的角度发生了一点变化。他认为这份工作方案在某种程度上类似于四个月前他初到公司时所提出的方案。“你的方案看起来非常专业，”阿历克斯说道，“但是它还没有产生什么影响。你在领导这个团队方面需要我提供什么帮助，是技术上的市场调查？或者你作为领导的角色？还是其他方面？”

“谢谢你的帮忙，”莱恩答道，“不过我想我能管理好。”

“我相信你能管理好，”阿历克斯答道，“但是我是拿你当公司未来的领导——而不仅仅是经理——来对待的，而且我想给你提两点建议。”莱恩并不打算拒绝阿历克斯的建议。他挺了挺腰板，非常高兴 CEO 这么看重他。

“据我观察，”阿历克斯开始说道，“你作为经理的强项正在转移你作为领导所需要的一些东西。”

“我已经注意到——在其他项目上——你擅长保持足够的动力，”阿历克斯继续说道，“那是经理和领导都需要的东西。但是我认为你应该在鼓励你的团队成员方面多下点功夫——而且你应该帮助他们谋划他们自己的成功愿景，而不仅仅是拿出一个工作方案。这就是经理和领导的区别。我将给你一些这方面的材料看看。”

“我不太明白你的意思。”莱恩承认道。

“好吧——你和手下的四名团队成员见过几次面了？”阿历克斯问道。

“我们已经召开了两次团队会议，两次与管理委员会一起召开的总结会。”

“那你多长时间与团队成员单独会见一次——以讨论想法或者检查问题？”阿历克斯继续问道。

“我想我实际上还没有单独会见过他们中的任何一个，”莱恩答道，“我们通常只是相互发发电子邮件。”

“为什么不尝试着与你团队伙伴的关系更‘私人’一些呢？”阿历克斯建议道，“‘通过电子邮件进行管理’也许有效，不过‘通过电子邮件进行领导’肯定行不通。”

“但是那不会花费更多时间吗？”莱恩问道，“电子邮件的效率要高得多。”

“短期来说也许是这样，”阿历克斯承认道，“但是领导重视效用而不是效率。还有——如果你的团队成员认为你只是在催促快速落实工作方案而发送一些电子邮件的话，那么，他们很难有动力在这个项目上花费很多时间和劳动。”

“我明白你所说的了。”莱恩点头答道，但是没有被察觉。

“我可能在这一点上说得太多了，”阿历克斯坚持说道，“以这次谈话为例，我认为由于我亲自与你谈话而不是仅仅给你发一封电子邮件，你的行为将会发生变化。”

现在莱恩彻底明白了。

“所以试着变得更亲近一些，”阿历克斯继续说道，“请记住，仓库存货能够被管理，但是人应该被领导。最后一点儿，问一下自己‘在这个项目上我面临的最大风险是什么’？我不是说你应该瞄准不必要的风险，但是如果你觉得这个项目一点儿风险都没有，那么它很可能不会真正使你的团队成员感到兴奋，而且你很可能也不会想出极其新颖的点子。毕竟，我们在试着‘探索新领域，奋勇向前进’，这个网络方案更是如此。”

在结束与莱恩关于领导和管理的简短谈话之后，阿历克斯瞥了一下手表，快速返回了办公室，他意识到现在他本应在城市的另一端参加一个会议。这是他所发起的几个会议之一——这些会议的参加人员包括那些对他准备即将与麦哥奎斯特网络公司进行的会晤有所帮助的人。

但在浏览了一下日历之后，阿历克斯意识到他忽略了一个与上述会议相冲突的和银行家们的会面。他过去以为那个会议第二天才举行。在他拿起电话打算解决问题的时候，凯莉出现在了他的办公室。

“我刚刚接到宣传周刊的电话，”她说道，“他们将要撰写一个关于我们公司的报告。记者说这将不是正面的——但是他问你是否想发表评论。你在他们加紧准备印刷之前有半个小时的时间。”

阿历克斯已经12个月没抽烟了，但是现在他觉得继续仅依靠肾上腺素和咖啡已经坚持不下去了……

领导与管理

领导与管理有着根本不同，简言之：

出色的领导者致力于寻找必需的改革的情景。他“总是做正确的事”，并且运用个人影响力来行事。他在“创造愿景”方面更强一些，在“激发斗志”这方面常常也很出色。

有效率的管理者会带来变化。他“总是把事情做正确”，而且更多地借助职位的影响。“保持动力”是他的强项。从理论上讲（但并不经常）他也能够“激发斗志”。

所有组织都不仅需要领导者，而且需要管理者。没有强有力的管理者，组织就有陷入混乱的危险。

但是缺少出色的领导者，组织就会变得懒散，就无法向前发展。不幸的是，除了最好的组织之外，所有组织领导者的天赋都要比他们所需要的缺乏（也比他们认为其所拥有的缺乏）。更经常的是，主管人员由于拥有特有的头衔或者职位而被认为是领导者。如果这些人在他们应该发挥领导作用的时候发挥管理作用，那么最好的结果也只能是一般。

因此，在大多数组织中，真正的领导者所面临的一项重要任务就是培养其他的领导者。只有这样组织才有望生存下去——更不用说发展了。虽然培训课程有助于培养领导者，但是最好的组织领导者深谙这种领导天赋的增长只能通过相关经历来获取。

这种经历是一个富有革命性的经历——在这种经历中准领导者被临时调任处理他既有“管理权限”又有义务去领导的事情；或者说这是一个“示范性”经历——在这种经历中准领导者能够向相关老师学习。

正如我们将在下一章所看到的那样，出色的领导者也会注意避免在不知不觉中退到“管理”的层次上。

与管理者相对照的领导者

如下所示，领导者与管理者的区别在于他们推出“愿景”的方法。另外，他们在激发斗志和保持动力的做法上也有所不同，如附录 8 所示。

管理者	领导者
正确地做事	做正确的事
关注现在、短期发展和底线	关注将来、长期发展和前景
寻求秩序	喜欢变革
避免冒险	喜欢冒险
更多地诉诸理智而非情感	既诉诸理智，又诉诸情感
相对低的领导能力是必需的，当组织单位: 是一个小部门时 已经处于最佳运行状态时 没有面临巨大的外部威胁时	更强的领导能力是必需的，当组织单位: 是一个大公司时 面临良好的发展机会时 面临巨大的外部威胁时

练习

通过指导一个管理者变成领导者，提高自己的领导能力。

巴恩绍在前线修筑了最工整精致的战壕，
但这不会为他赢得任何奖章。

在本章中，
阿历克斯的行为开始怪异起来。

第 18 章 角色与委任

“闻起来你好像抽烟了。”几天后阿历克斯从办公室回到家时，莎拉说道。阿历克斯刚好赶上他们邀请迈克尔参加的晚餐。

“大概抽了一支，也许是两支吧。”阿历克斯小心地承认道。他顺着门厅朝客厅瞟了一眼，发现迈克尔已经来了。

虽然迈克尔是阿历克斯的好朋友，而且对他的事业一直予以极大的支持，但阿历克斯还是更倾向于不和他在一起度过晚上的时光。还有太多的工作没有完成——阿历克斯已经把一些工作带到家里来了。

不过饭桌已经摆好，食物也马上就好。阿历克斯只好等着吃过晚饭再工作，直到深夜。

“给我讲讲公司现在的情况吧，”迈克尔说道，“我已经有一个月没有收到你的来信了。当然，我确实在宣传周刊上读到了关于你的报道，我认为那篇文章写得相当好——在当时的情况下。”

“要不是我和那个记者通了一小时的电话，那将会是一篇令人讨厌的文章。”阿历克斯答道。

他们之间的谈话继续进行着，谈话的主题包括他们曾一起共事的那家公司，他们的朋友，不过主要还是阿历克斯现在的这家公司。

莎拉和迈克尔都讲了一些笑话，但是阿历克斯却笑不出来。他看起来有些心不在焉，只是当公司的一名业务主管打电话过来时，他才清醒过来。

当阿历克斯返回饭桌时，他发现莎拉和迈克尔正在谈论他。

“你已经说了很多关于公司的事，”迈克尔说道，“但是你自己的角色怎么样啊？你似乎比我以前见到你时更忙了。”

“运转一家公司是一件很复杂的事情。”阿历克斯打断道。

对于阿历克斯的无礼，莎拉和迈克尔相互瞥了一下。

“你没事吧？”迈克尔问道，“我们可不想让你落得罗勃那样的下场。”罗勃是这家公司的前任首席主管。在阿历克斯上任之前，罗勃因患上了致命的冠心病而离开了人世。

“不要为我担心——我不会有事的，”阿历克斯答道，“我只不过是压力太大了。我已经使整个改革方案都运转起来了。所有这些削减开支的方案必须落实——我必须确保我们不能错过任何机会。必须重新安排职位——我们照原样暂时维持了一段时间，但是现在我们真的需要进行新的改革。”

“还有，我们必须取悦那些银行。此外，还必须解决与一些必须解雇的员工的法律问题。只有一个好消息：我们获得了向麦哥奎斯特网络公司投标的机会。如果我赢得那次投标的话，我想情况暂时会有所好转……”

阿历克斯正在滔滔不绝地讲，迈克尔举起了手。“怎么了？”阿历克斯喝道。

“当你说‘如果我赢得那次投标’时，你究竟指什么意思？”迈克尔问道，他并没有被吓倒。

阿历克斯死死盯着迈克尔，就像他的朋友疯了一样。

“你究竟为什么必须领导进行那次投标呢？”迈克尔问道。

“你看，迈克尔——我是首席主管，麦哥奎斯特网络公司则是公司历史上最大的潜在客户。我还需要再说什么吗？”

“是的，”迈克尔肯定地答道，“告诉我你为什么如此深地介入那次投标的所有准备工作呢——我指与非公司人员进行的那些会面。你为什么不让业务主管们去做那些事呢？我想你肯定有一些好的业务主管——因为你本应该运转整个广告公司！”

“这关乎我的声誉。”阿历克斯答道。

“但你亲自赢得了对Surf-Earn.com的投标，”莎拉说道，“几个月前，你曾告诉我你已经通过那次投标鼓舞了员工。你为什么就不能把这次投标的大部分工作都委派下去呢？我知道在与麦哥奎斯特网络公司会面时你必须出席——但是你用不着所有工作都一个人做。”

尽管过去几星期阿历克斯的生活方式近乎疯狂，但他仍然能够进行理性的思考。“也许我确实介入得太多了，”他承认道，“但是我必须这么做。没有一个业务主管能够把这些准备工作做得和我一样好。”

此时，电话又响了起来，莎拉走进门厅去接电话。“是罗勃……”她盯着阿历克斯说道。

“罗勃？”阿历克斯重复道，他倒吸了一口凉气，“不可能，罗勃已经死了！”

“不是那个罗勃，”莎拉转向迈克尔，继续说道，“是不是有一个叫罗勃·摩尔诺的人——你叫了出租车？他走错路了。出租车几分钟后就到。”

因为担心另一个罗勃可能会从坟墓里出来缠着他，阿历克斯终于开始思考起自己的角色了。

“如果你是一位已经取得了一些成功的领导者，”迈克尔说道，“你所可能犯的最大错误就在于把你的时间投入到对组织非常重要的事情上。”这种说法使阿历克斯和莎拉都感到很惊奇。

“你必须问自己两个问题，而不仅仅是一个问题：什么对你的组织是重要的？此外，在哪方面只有我才能够发挥增值作用？很多领导者只问第一个问题，那是一个很大的错误。”

迈克尔起身取回他的外套：“如果你工作太多，这或者是因为你本能地不愿把工作委派给别人，或者是因为你还没有充分考虑过这些工作。

“你应该领导，做一名主席的时机很多，做一名教练、执行者和代表者的时机也很多。但是只有在没有你问题无法解决的情况下，你才应该介入这些事情的解决过程中。”

六个需要扮演的角色

出色的领导者能够扮演各种各样的角色。这就像他有很多名片，每张名片对应一个角色——每张名片他都能够在合适的时候递出。这些角色是：

1. 领导者——发起新任务，为别人创造愿景、激发斗志和维持动力。

2. 主席——敲定讨论议程；鼓励彻底辩论；可能时获得对结论的广泛同意；必要时投出决定性的一票。

3. 代表者——作为组织对顾客和股东的对外代表。

4. 教练——发现别人没有充分发挥潜能的时机，帮助他们提高技巧或增强意愿。

5. 执行者 / 管理者——总结成绩；规定修改措施，或者亲自落实这些措施。

6. 参与者——时不时地（当能够发挥独一无二作用时）为别人领导的项目做贡献，例如，服务客户或顾客。

出色的领导者很明显地把大部分时间放在第一个角色上。而且，当他扮演不大习惯的角色时，他会让自己和别人泾渭分明——以免人们对他的意图、个人日程或别人的职责产生困惑。

但是，出色的领导者知道自己有可能卷入组织面临的每个具体问题当中。因此他也大量地委派工作——下一页建议了一种委派方法。

决定如何介入

出色的领导者避免使自己卷入所有事情。他只关注那些对组织重要——而且他能够增加特殊价值（见表中右上角）的事情。

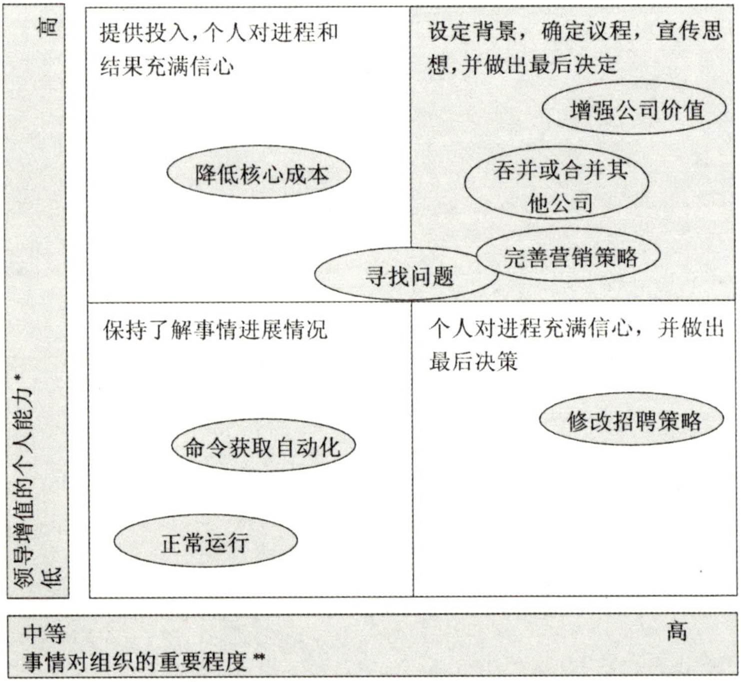

*判断标准：独一无二的视角，作为名义上的领导者的象征

作用；个人技能；对优秀表现目标的外在推动，其他经理的相对能力。

** 判断标准：对公司外部名声的影响，对公司文化的影响，对制度性技能的影响，对底线的影响。

〇说明性的例子（为 CEO 准备）。

从领导类型来说，

修女阿蒂拉并不够完美——

但至少接受改造者增长了61%。

在本章中，
阿历克斯做了一些调整。

第19章
重排顺序和选择时机

在与迈克尔那次晚餐谈话后的几天里，阿历克斯决定通过更有效地把工作委派给主管以获得更多的自由时间。

他与道格进行了交谈，正式把向麦哥奎斯特网络公司投标的准备工作“转交”给道格及其手下的业务主管。这不仅增加了阿历克斯的自由时间，而且加强了他和道格的关系。道格以前显然认为阿历克斯不相信他能做好这项工作，此时他看到阿历克斯已经找他谈话，也就放心了。

第二天早晨，阿历克斯主持召开了管理工作周会。像往常一样，他们一开始先总结了那个关于削减开支的“家务管理”计划的进展情况，此时那些方案差不多已经完成。不过他们所节省的开支却比计划的少，来自超额投资的那个退休计划的回扣也要比预想的少。“未付账的生产成本”的储蓄同样如此——创意人员已经开始打算控制这些成本了。

虽然阿历克斯愿景的星际探险计划产生了积极效果，但是主管们知道，除非他们的资金状况有很大的改善，否则几个星期之后公司将无法继续生存。

“这另外的一笔30万英镑的款项是什么？”在他们开始总结公司财务时，卢克问道。

“这不会是我们买断的电视广告的回扣，”特里说道，“我已经让我媒介部的伙计仔细审查了我们的财务数字。”

“这是一笔税金款项，”斯蒂夫一边说，一边瞥了阿历克斯一眼。“我尽力弥补了它。因为我们有一些在百慕大所做的鸡尾酒广告。”

“看看，”卢克说道，“在过去两个月里我们获得了近一百万英镑的额外款项。我并不是抱怨这些资本投入……但是这些意想不到的项目数额如此巨大，凭什么说我们坚持不下去呢？”

“这次真的是最后一笔那样的款项了，”阿历克斯打断道，“我们不能依赖其中的任何一笔。我们只能寄希望于下周与麦哥奎斯特网络公司的会谈能够进展顺利。下面继续讨论。”

“我想让大家讨论一下网络项目的事，”桑德拉说，“道格已经给我看了这个团队的最新工作情况——它看起来相当有说服力。我想是时候把它介绍给潜在客户了。”

“我同意，”阿历克斯说道，“我一直认为我们能够在这个领域成为全英国一流的公司。我们所需要的就是找到推广我们市场调查结果的正确方法。我们应该在FT杂志上登一篇捧场文章，此外，我们还应该与目标客户打交道，和他们讨论我们的市场调查结果……”阿历克斯继续讲述他如何充分利用网络团队所做的市场调查结果的愿景。

但是，阿历克斯突然停住了。这主要是由于两个原因：

第一，他意识到他又一次在具体策划上介入太多。他知道他的角色是主持会议——而不是开始解决问题。

第二，阿历克斯注意到他在从愿景开始讲起。这是对必需发生的事情的粗略描述——这和他五个月前开始制订星际探险计划的方式几乎一样。

阿历克斯突然意识到“先建立愿景，然后激发斗志和保持动力”已经成了一个习惯。通常情况下，这个习惯是合适的。但此时他意识到，有些时候领导者在建立愿景方面不提出自己的任何建议可能更好。只要相关团队的成员也牢记同样的目标，由团队自己提出愿景常常更好，那样的话，他们很可能会更有创造性。而且一旦他们完成工作，他们就会对最后的愿景和计划更加深信不疑。换句话说，在有利情况下，领导者可以先从激发斗志做起——然后在一段时间后贡献自己的一点儿愿景，如果必要的话。

阿历克斯意识到，甚至在某些时候，领导者必须从保持动力开始——在建立愿景和激发斗志开始之前的一些看得见的行动。阿历克斯回想起了当初他建议关于投标的新合作方法时主管们的冷嘲热讽，最后，他还是从“就这么做”开始的。他领导了对Surf-Earn.com的投标，以此作为这个新方法能够在实践中发挥作用的例证。只有在那次投标成功以后，才能够塑造愿景和激发斗志，最终走向更广泛的团队合作的基础才得以建立。

“对不起，”阿历克斯说道，他重新把注意力集中到会议上，“桑德拉——你为何不告诉我们你打算怎样改进网络调查呢？桑德拉讲完以后，我建议大家讨论一下有关下周与麦哥奎斯特网络公司进行会晤的最后问题。”

重排顺序和选择时机

重新安排顺序

当发起一个计划时，出色的领导者知道他不能总是按顺序使用愿景—感召—动力这一技巧。

例如，他可能意识到他的改革愿景可能被认为来自某个人或者某个群体，而不是他自己。在上述任何一种情况下，他可能首先必须激励相关个体协同工作——甚至在发表他对组织的愿景之前他就应该这么做。

因此，出色的领导者应时刻注意，是否有对本书前些章节列出的行为方式进行重新排序的必要，或者是否有同时采取它们中的一些措施的必要。

重新选择时机

出色的领导者谨慎地调配他的精力——因为他知道公司对他的潜在需要可能是无穷的。

一些项目在早期需要领导者大量投入，不过之后只需要较少的投入——因此在早期介入之后，领导者会有意识地退到幕后。当大家一致同意改革的需要和赞成改革方向时，当有影响的支持者的骨干队伍出现而有影响的反对者消失时，当以行动为导向的公司文化出现——员工们习惯了赶在最后期限之前完成任务时，领导者尤其需要这样做。

当这些条件不具备时，领导者应该辨别何时给予自己的投入，以获得最大效果。

例如，如果他发现员工们需要时间消化他的想法，那么他的早期行动步骤可能仅仅是播撒愿景的种子。当那些种子发芽时，领导者又会转而把他的时间用在别处。

投入努力

早期集中投入；定期的成绩总结。

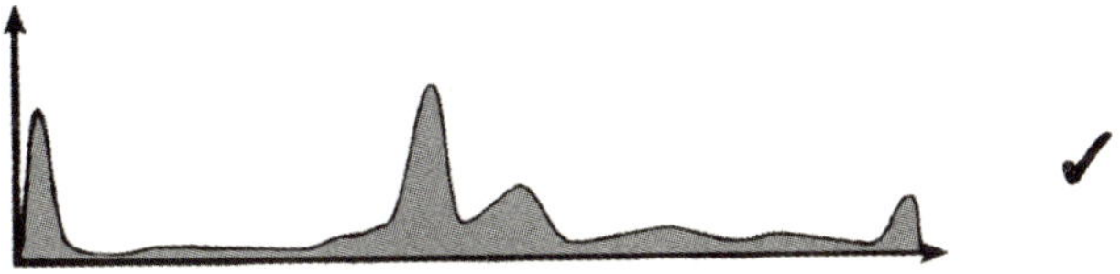

一个广泛接受的想法；随后界定方向的投入。

早期投入但是不够集中；持续介入的需要。

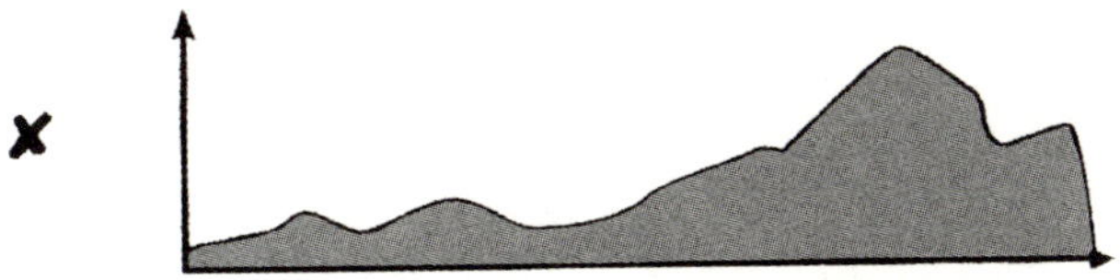

“先失一招”；最终必须进行的大量矫正行动。

练习

大致勾画一下你打算如何对你最重要的三到四个项目投入精力。看你是否能够运用不同的“时机”来增加自己投入的效率。

瑟尔少校会是承认这不是个头脑空白的好时机的第一人。

在本章中，
阿历克斯发现“权力”
并不是难听的字眼。

第20章
权力与影响力

几个月来，阿历克斯第一次有时间阅读自己的电子邮件，凯莉也不再把它们都打印出来供他晚上继续在家工作。他浏览着这一系列信息，最后点击鼠标，阅读了一封来自迈克尔的邮件。

“谢谢你上个星期请我吃晚饭，”迈克尔写道，“希望你现在有时间浏览它。如果你现在真有这个时间，这意味着你很可能已经为访问 http：//www.leadership-skills.org.uk power 站点做好了准备。”

阿历克斯点击这个链接，结果发现了下面的文章。

摘要

权力：为领导者准备的经验和技巧

即使对那些想负责任地行使权力的人来说，权力这个想法也含糊地带有令人讨厌的含义。在民主国家里，很少有人喜欢被别人称作马基亚维利[1]。“权力”是一个容易让我们感到不安的词。

但是只有在领导者行使权力，或它的近义词“影响力”时，他的领导才能有效。因为领导者靠说服——或者甚至引导人们并不能永远获得成功。

这篇文章简要审视了现代组织中权力的本质，并就领导者能够获得和使用权力的方法提出了一些建议。

权力的本质

我们将先从权力的定义说起。或者说，我们将从几个定义说起——因为“权力”是一个难以捉摸的词，专家们在它的定义

[1] 意大利文艺复兴时期的政治思想家，《君主论》的作者，主张国家中央集权。

问题上很少有一致看法。

根据杰弗瑞·菲佛（Jeffreg Pfeffer）的定义，权力是“影响行为、改变事物发展进程、克服反抗、让人们做没有权力他们就不愿做的事情的潜在能力”（引自《借助权力去管理》*Managing with Power*）。

根据加德纳（Gardner）的定义，权力是“确保出现希望的结果并避免发生那些不想看到的结果的能力”（引自《论领导能力》*On Leadership*）。

根据考特的定义：“成功的管理人员使用他们在其关系中形成的权力手段，与说服方法一起影响他们所依赖的人，以使这些人用可能使管理者完成工作的方式行事。”（引自约翰.P.考特《论领导者真正做什么》*John P. Kotter On What Leaders Really Do*）

然而，尽管他们强调的重点有所不同，有一点是大多数专家一致同意的：现在很少有任何一个人（包括首席执行官）拥有接近于绝对权力那样的东西。

现代的领导者受到了其先辈们所不知的诸多限制：工人的权益、反竞争法案、高效的资本市场和（可能是最根本的）劳动力流动性的不断增强。

因此，现代的领导者实际上无时不在高度依赖别人。罗伯特·布朗宁言简意赅地道出了这一点：“追求权力和失去自由是奇怪的欲望。”此外，尽管是谈论人类这个整体，教皇亚历山大也赞同这种观点：“人类虽然是世界万物万能的主，但是也受到了万物的折磨。”

尽管公司主管人员之间有时确实针锋相对（每个人都错误地认为其拥有绝对权力），但是逐渐把别人挤掉的领导者最终也会被别人弃之门外。

因此，认识到权力就是影响力，并且承认影响力包括与领导者互惠的关系非常重要。所以，在获取和使用权力的过程中，出色的领导者清楚：

1. 他想使什么事发生。

2. 哪些人能使那些事情发生。

3. 他有什么“资本”与这些人交换。

通常来说，这些“资本”是报酬、名誉、工作环境和权力本身。有时这些“通货”是上述所列“资本”的变种，比如，特许体验某些经历或者获得接受教育的机会。

但真正重要的是使人明白领导者能够给予这些东西。结果，出色的领导者会处理下面将讨论的权力的三个方面：获取权力、负责任地使用权力和经营形象。这三方面在某种程度上是相关的。例如，通过行使权力，领导者同时树立了他真正强有力的形象。

获取权力

领导者必须（或仅仅想要）影响的最重要的结果显然取决于领导者所在组织的性质。比如，在银行里，关键的结果通常涉及集资或投资的方式。在法律事务所里，那些结果常常是服务客户以及人们被调配和选举以形成合作关系的方式。

然而，无论什么样的组织，出色的领导者都会注意使用下列技巧以增加其权力：

1. 获取关键资源并亲自参与对这些资源进行投资的决策。比如，一个在银行里面渴望获取权力的人可能会确保自己成为最有影响的投资委员会的一员。律师可能会试图“拥有”最大的客户，或者主持选举新合作人的委员会。

2. 获取同意以扩展自己的正式权威。银行家将获取广泛的借贷权力，而律师将获取重要的签字权。

3. 与其他有影响的人或群体结成联盟——不仅在组织或团队内部，也在其外部。银行家会与能够为银行提供巨额资金或良好投资机会的人建立牢固的个人关系，律师会主持专业论坛。

4. 承认“信息就是力量”并建立多重信息网。出色的领导者通过报告、非正式接触，有时通过与别人交换信息来获取他所需要的信息。

5. 加深别人依赖自己或欠自己人情的程度。这种依赖常常由采取以上步骤的可感能力创造。有时领导者也通过相对不明显的方式创造这种依赖——比如通过指导或劝告别人。此外，这种依赖还时不时地通过领导者独一无二的技术专长获得。

6. 完善自己在雄辩、敏感性、说服力和技术能力方面的个人技巧。

但是，每个组织都有它独特的获取和行使权力的文化标准。出色的领导者对“合法”行为的界限很敏感。从理论上讲，只有在试图对组织的工作方式进行剧烈和有利的改革时，他才会突破这些界限。

行使权力

熟练的权力经营者能准确地把握“他们能够走多远”——然后在必要时走到那个极端。

只有在实践中人们才能准确预测出或达到他们行使权力的潜在限度。没有经验的领导者常常对行使权力的限度抱有不切实际的想法，他们也可能由于缺乏勇气，或者相反——“太过冒险”而“收回他们的重拳”。

出于对自己的了解，出色的领导者在行使权力和影响力达成目标时会采取三种措施：

1. 运用所有的人际关系技巧。为增强强迫性，出色的领导者能够采取评价、示范、指导、诱引、说服、谈判或命令等手段。领导者能够恰当使用的这种手段越多，其可以被感知的权力也就越大。

2. 采取策略性措施。尽管可能采取的策略多种多样，但有一些策略出色的领导者运用的频率最高，包括：

采取具有象征性的措施——给予支持计划改革者看得见的权力，或使反对者保持中立，或掌握战略主题的批准权。

设立临时性的混编团队或工作群体——以便逐步做反对者的工作。

有选择性地透露一些信息——或用以影响决策，或作为组建联盟的“通货”。

适当地对方案进行有利的时间安排。当领导者仍然占据上风时，要提前发挥作用的决策和行动时机；当领导者没有准备好时，要推迟方案的实施；当领导者想采取清晰的行动时，要设定最后期限；当领导者想逃避行动时，要避免强加最后期限。

3. 实行结构改革。在这个标题下，领导者可能会改变汇报词、修改权限级别（如开支限额）、组建新的管理机构（以在采取措施的同时集中组织的注意力）或改革汇报体制（那样人们就会关注领导者认为非常重要的事情）。

有经验的领导者常常综合运用这些技巧。关键时刻这种综合运用确实很有效。

比如，考特讲述了一个管理者的故事。这个管理者背负运转某公司一个日益衰败的部门的使命，而他仅仅在到达之前两小时才通知该部门。在带领 6 名助手到达之后，他立即召开了包括 40 名全体高级经理的会议，在这次会议上，他对形势做了一个简要的评估，承诺将扭转形势并说明他预想的事情演进的方向。

随后这个新老板解雇了会议室里的 4 名高级经理，并限他们在两小时之内离开这幢楼，他宣称，他将绝不手软地破坏试图阻止他拯救该部门的任何人的职业生涯，然后他宣布从第二天早上七点开始，他的助手将为他安排与这些经理的单独会面，接着就结束了这个 60 分钟的会议。结果员工们都对他的工作予以了配合。

经营形象

领导者主要通过行使权力来表明他的权力。不过他也“经营自己的声誉”(确保公司神话包含关于他个人威力的适当描述);此外，他还确保他在技术上的工作成果（比如销售业绩或财务水平）得到认可。

不过，领导者也听从吉卜林的建议，既“看起来不太聪明，讲话也避免太过明智”，而且他还听取罗斯福的建议，语气温和地讲话（同时却带着一根大棒）。

领导者确实会运用这些技巧获取和行使权力，这些技巧在适当情况下也确实发挥了作用。但是如果未能予以熟练运用的话，它们也会适得其反，酿成灾难。

因为从长期来看，这些技巧的人为应用很少能够与无可辩驳的事实或者不可抗拒的思想的力量相比拟。

有权力，然后有绝对的权力……

在本章中，
阿历克斯、道格和桑德拉投入了战斗。

第21章 文化推动力

星期一，阿历克斯、道格和桑德拉三人下了出租车，走进了麦哥奎斯特网络公司的办公室。他们都非常紧张，不过脸上却挂着职业性的自信笑容。

维克·迈高文是麦哥奎斯特网络公司的全球营销主管，决定与哪家广告公司合作就是由他说了算。在几次通话中，凯莉已经幸运地与维克的秘书建立起良好的关系。她发现麦哥奎斯特网络公司正在考虑其他的三家公司，但是还没有一家中标。这让阿历克斯很沮丧，他宁愿在这轮投标中排在最后。因为排在最后就更容易处理别的竞标公司可能还没有发现的问题，也就可能让更多的潜在客户记住他们。

蒂克诺尤的三位要员在接待处登记后，他们都扫视了一下周围的环境，想寻找一些关于麦哥奎斯特网络公司文化的线索。甚至在见到维克·迈高文的秘书、跟着她上电梯、进入玻璃会议室时，他们都一直在环顾四周。但是，他们并没有马上发现可供会晤用的任何公司文化线索。

几分钟后，维克带着三名同事来了。他们首先进行了自我介绍，然后确认了他们的谈话主题，最后把发言权交给了阿历克斯。阿历克斯先发表了一些评论，不过会议的重头戏将交给道格和桑德拉。

那就是他们打出的第一张王牌。因为所有公司都遵循这样一个历史悠久的传统：业务主管进行市场调查，在此基础上，公司形成一些初步的广告创意——创意部主管则把这些创意和想法介绍给客户。整个广告界都是这么做的。

不过阿历克斯建议他们打破这个传统。先由桑德拉讲解他们的市场调查情况，然后再由道格讲述他们的初步创意。阿历克斯打赌说这种互相合作的方式将会给维克留下很深的印象。

当桑德拉开始讲解时，阿历克斯仔细观察维克的反应。阿历克斯看到维克向前探了一下身，从桑德拉先前给他的名片中检查了一下桑德拉的头衔，然后又满脸疑惑地坐回去，继而在转向阿历克斯时露出了理解的笑容。

“迄今为止一切顺利。”阿历克斯心想。

几小时后，道格和桑德拉都结束了陈词，阿历克斯又补充了一些总结性的话。不过这次投标最重要的部分——答问阶段——

此时才刚刚开始。阿历克斯知道这是他们露老底最多的地方，他祈祷着他们已经充分预料到了对方所提的问题。

“恕我直言，”维克开始说道，“其他三家公司应该也会向我们展示同样的市场调查数据，关于与客户以及公司内部进行团队合作的同样陈词，相似的富有创意的想法。你们的工作方式有什么特别之处呢？”

阿历克斯和他的同事当然精心准备了这个问题。不过，他们知道维克将更注意这些蒂克诺尤的人员是否真正相信自己所说的，而不是注意他们的具体措辞。

维克凝视着阿历克斯，等着他做出回答。

维克感到非常惊奇的是，这个问题是由蒂克诺尤的创意部主管回答的。维克知道一般来说创意人员一点儿也不关心其公司更大范围的管理工作，他还知道大多数广告公司甚至不会冒险让客户见到创意主管！

桑德拉开始讲述蒂克诺尤的团队合作方法，不过她和维克都清楚他们的初次交锋只不过是客气客气而已。

维克将会盘问桑德拉，了解她所展示的关于公司究竟如何工作的方方面面。当维克摆出一副专业问讯者的架势时，阿历克斯手指交叉，祈祷能带来好运。

随后不久，在回办公室的出租车上，阿历克斯向道格和桑德拉祝贺他们成功地扮演了双重角色。“那肯定进行了相当充分的准备。”阿历克斯补充道。

“谢谢，”道格答道，“不过我真的很欣赏你最后的总结，阿历克斯，我想维克在改行做营销之前从事过广告工作——正好和我们自己的职业转变相反，这一点不难发现。

“我很欣赏你说的话：‘你们从偷猎者变成狩猎者，我们从狩猎者变成偷猎者，因此这要么使我们不可调和，要么使我们高度互补。’这句话真经典。”

“是的，”桑德拉说道，“不过如果我们赢得这次投标，这是因为我们能够真正展示我们在过去六个月里所创造出的团队合作、创造力和专业知识这个文化。你们知道吗？我确信其他公司的说服力不会比我们强。”

“我们很快就会知道了。”阿历克斯说道。

阿历克斯点击鼠标，关闭了网页。他决定储备他自己的资源和权力手段。

但是这个工作必须再过几天才能进行，此时的当务之急是定于下周一与麦哥奎斯特网络公司的维克·迈高文以及他的同事所进行的会晤。

塑造文化

何谓组织“文化”？对此最好的描述也许是“我们做事情的方式”。文化反映在团队或公司成员认为合乎标准的一组行为中，包括人们彼此交流以及与外界交流的方式。当然，这些行为最终是由组织中个体的精神示范和信条所驱动的，如下页所示。

积极的文化对组织具有重大价值。它使人们能够借助组织自己的表达方法而进行迅速的交流，它也使人们能够“正确行事”（而不用必须参考详细的说明），另外，它还降低了人们的“重复劳动”。

很明显，一种文化不可能一蹴而就。不过出色的领导者每天都会试着给组织的文化添砖加瓦。

领导者在这么做时主要借助三种方法：

1. 直接讲明组织的习惯、礼节和仪式。他创立并废除一些习惯——以使之与组织的愿景、战略、所需技巧和信仰体制相一致。

2. 运用附录 6 中提到的强化改革方案信息的方法，间接地从事这些行为。

3. 正如前面《践行价值标准》所讲的一样，亲自就所需行为做一个明显示范。

总的来说，这些方案需要领导者做很多的工作——不过如果他的组织要长期发展的话，这些方案又是必不可少的。

文化的几个方面

看得见的文化外表是建立在精神示范和最终的信条基础之上的。

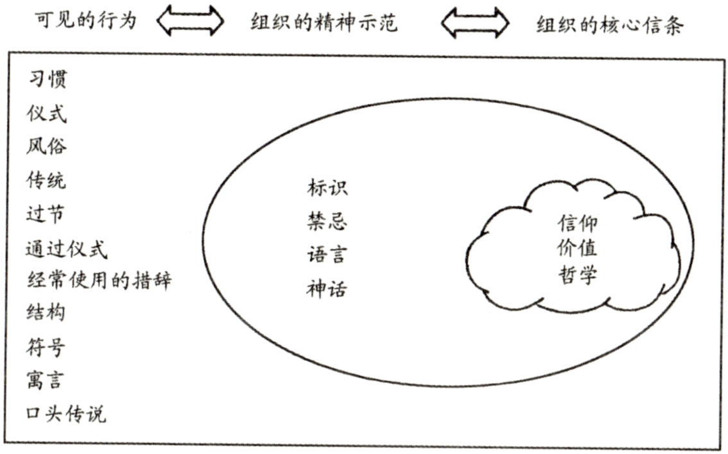

使用“通过仪式”的事例

有一家国际消费品生产公司，它在世界各地都有办事处。很明显，经理们需要协调他们的营销和生产策略，不过经理们都来自不同地区，相互了解很少。

这样过了几年，公司逐步组建了自己的品牌管理学校——在这个学校里，每个课程都有来自不同地区的员工参加。于是它变成了一个“通过仪式”，因为参加学校培训成了被提升（或聘用）为经理的一个先决条件。

这所学校还成功地创造了必需的“组织黏合剂”，因为学习这些课程的时间（加上充足的“社交活动时间”）足以让学员们相互“联结”在一起——并信奉组织的“信条”。

回顾你所领导（或你所在的）的团队或组织的行为。发现一个需要打破的坏习惯——或一个需要培养的好习惯，同时计划如何改变它。

尽管没人提到过，
但拉尔夫相当肯定连比格猎犬都发现了
他的眼球是假的……

在本章中，
阿历克斯的未来被决定了。

第 22 章
自我领导的 VIM

几天后，阿历克斯很早就去上班了，其实他没必要去那么早的。麦哥奎斯特网络公司将宣布选择哪家广告公司代理它的全球宣传工作，但是它不太可能在纽约时间早上 9 点之前发布信息，而这意味着至少要等到伦敦时间下午两点钟。

阿历克斯早上的大部分时间都和斯蒂夫在一块——检查他扭亏为盈的计划中削减开支部分是否产生了效果。是的，货车队已经卖给银行，又转而回租。是的，他们已经完成了转向相对便宜的供应商的计划，大到飞机票，小到复印纸都是如此。是的，他们已经从超额投资的退休养老金缴款获得了最终回报。

“我们现在刚刚能维持下去，”当阿历克斯起身要走时，斯蒂夫说，“我所能说的是，真幸运你搞到了额外的资金投入，它们总计达到100万英镑。要是没有这笔钱，我们就不可能生存下来。难道现在你还让我蒙在鼓里吗？这笔钱是哪儿来的？”

就在这时，凯莉喘着气到了，这正好救了阿历克斯，他用不着回答斯蒂夫的问题了。“是麦哥奎斯特网络公司，”凯莉喘着气说道，“……电话找您。快点儿！”

15分钟后，阿历克斯打电话让道格和桑德拉到他办公室来。

“我想让你们第一个知道，”阿历克斯低垂着眼睛严峻地说道，“既有好消息，也有坏消息。”

道格和桑德拉交换了一下眼神，“先告诉我们好消息。”两人催促道。

阿历克斯再也掩饰不住了，他的表情变得神采飞扬起来：“我们成功了——我们赢得了麦哥奎斯特网络公司全球宣传的投标。我想让你们知道你们两个人对此功不可没！”

他们都开怀大笑，相互握手和拍打背部以表祝贺。负责麦哥奎斯特网络公司的全球宣传工作将是公司历史上规模最大、历时最久的业务之一。它并不能确保公司的长期命运——不过，毫无疑问公司的近期有个保证。

桑德拉首先开口道：“我们可能已经与以前有很大不同了，阿历克斯。不过，你才是这里应该获得祝贺的人。那个新星际探险计划？……我想告诉你我现在真正相信它了。而且我认为你已经证明了我们能够重新改造自己。”

“还有一件事情，”桑德拉继续说道，“你知道那些挂在走廊里的艺术收藏品吧？我认为我们已经不再需要它了。如果你想把它卖掉的话，我没意见。”

道格疑惑地看着桑德拉。这些油画大多是桑德拉亲自挑选的——现在她似乎一点儿也不在乎它们了。不过道格还是把注意力转移到了阿历克斯那里，“我不想煞风景，”他说道，“只是你刚才提到的坏消息是什么？”

“也许没有比这再坏的消息了，”阿历克斯答道，“是关于艺术收藏品的事……呃……你们知道它们曾经值100万英镑吗？”

“曾经？”桑德拉怀疑地问道。她扫了道格一眼，然后走上前去，轻轻拨开阿历克斯办公室的软百叶窗叶。她最喜欢的罗斯科的画正透过玻璃凝视着她。

“是的，”阿历克斯故作冷淡地肯定道，“我过去必须卖掉这些原作——以使我们不至于负债。我知道你们不会介意暂时容忍一下这些复制品的。不过也许我们能够把那些油画再买回来，我确信我的朋友德克能够找到它们。也许我们每赢得一项大业务就能买回一件——就像过去一样？”

“在讨论这个问题之前，”桑德拉说，“道格和我也有消息要告诉你！”她张开手指走近阿历克斯。一枚硕大的订婚戒指在阿历克斯面前闪闪发光。

“也许我过去提出的那个合作愿景已经走得太远了。”阿历克斯想道。

那天晚上阿历克斯和莎拉都在家。

“阿历克斯，你弄得我很紧张，”她说道，“你为什么不做一些有用的事情，却在这里走来走去呢？”

“我在想我与蒂克诺尤所签的合同……”阿历克斯答道，“你知道这个合同只有六个月，但是我确信银行和股东们都想让我留下来。只是我还不能确定那对我，或者对我们来说是不是最好的选择。”

“唉，走来走去也没有用啊，”她说道，“这就像你总是不停地讲那个 VIM 公式一样……”她停下来想了几秒钟，“嗯，阿历克斯——我有一个想法，你为什么不把那个公式用在你自己身上呢？”

“用在自己身上？”

“是的，”她继续说道，“试着写下你对自己的愿景；你如何让自己保持斗志；你将如何保持对你动力维持情况的了解。”

“我想这个 VIM 公式是能够用在个人身上的。”阿历克斯说道。带着这种想法，他思考了一会儿，逐渐意识到了他的未来所系。

自我领导的 VIM

多数调查显示领导者对他们自己的事业也会进行战略性的思考。

为了在整个职业生涯中都做一个出色的领导者——而不是仅仅在一个项目上或在一个公司职位的任期内做一个出色的领导者——他也把某种形式的愿景—感召—动力公式应用于他自己。

虽然有些领导者默不做声地处理这些问题，但大多数的领导者都在不加掩饰地做这些事情——至少对他们自己来说是这样。

这些领导者对他们最终的职业抱负以及实现这个抱负所需的步骤与目标有一个清晰的愿景。

他们知道如何使他们自己及其支持者保持斗志，定期对自己进行相关的激励，甚至离开显然很诱人的职位继续前行，如果他们觉得自己在停滞不前的话。

他们时刻跟踪自己的动力维持情况，以自己设定的最后期限为标准衡量自己取得的成就（而且还可能以一种不正常的心态拿同辈人的成就为标准进行比较）。

下一页提出了一些你应该能够回答的问题，如果你想跟踪自己的事业发展情况的话。

你未来的成功可能会以你没有想过和没有计划过的方式到来。不过，据说运气总是偏向那些有准备的人。

领导者个人的 VIM

愿　景

创造意义

你能言简意赅地讲述你的职业目标吗？它们为你的生活增添意义或者使你的生活变得有意义了吗？

宣传和检验

你有没有与信任的朋友讨论过你的愿景？你有没有采纳他们的观点？

雕刻技巧

你的愿景对于你确认需要培养的技巧起到了什么样的帮助作用？

感　召

领导气质与信任

什么样的训练或练习会有助于你显示出更好的领导气质？别人曾经信任过你，并支持你在事业上出人头地吗？你足够信任别人和自己的本能吗？

征召与联合

你的愿景有没有把你的激情和利益结合在了一起？你是不是仅仅被别人的抱负所推动？

重申与强化

你的“自言自语”有没有推动（或阻碍）你的事业？

动　力

鼓励主动性的发挥

你在自己的事业中有没有发挥足够的主动性，有没有进行足够的冒险？

激励进展

你有没有把自己的“历史成就”作为取得进一步成功的跳板？

清除障碍

你有没有清除障碍——比如，你有情绪不稳定的毛病？

VIM的配套措施

催促与祝贺

你对目标是不是有足够的进取心（或过于雄心勃勃）？你有没有承认和奖励自己的成功？

践行价值标准

你有没有定期总结自己的领导哲学并践行自己所提出的价值标准？

集中注意力

是不是所有能帮助你的人都知道你的目标？你有合适的顾问吗？

史努伊用莫尔斯密码狂喊“冰山！”，
但他不知道，
霍恩布洛尔的助听器没有进行过最后检修。

附录 1 领导能力测验图与期望值

每个问题的满分为 10 分，给你当前的情况和期望的情况打分。并根据上述分值在下一页上画出你当前的领导能力测验图和期望值。

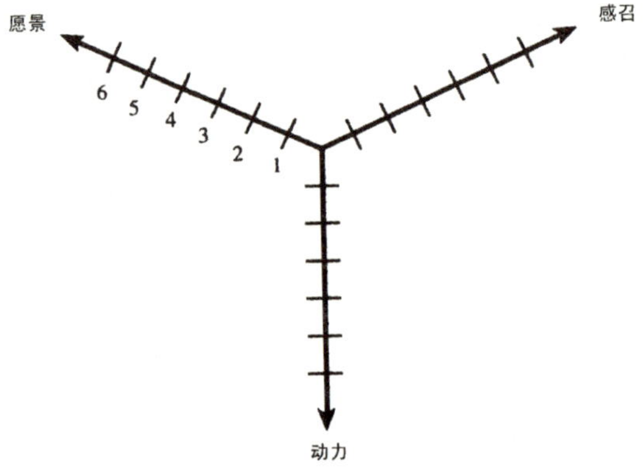

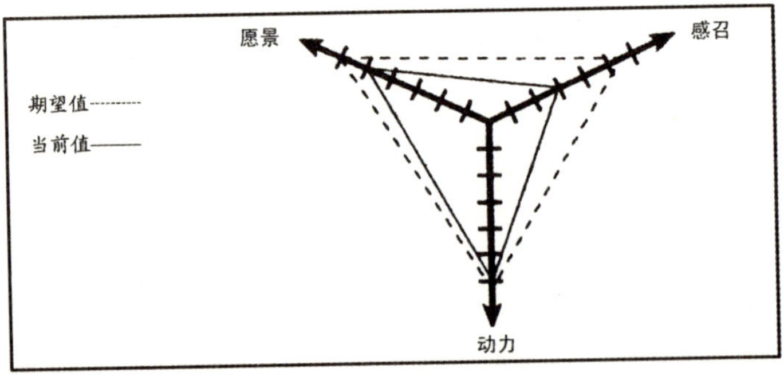

愿景

当前值 / 期望值

____ ____ 时常产生新颖的想法，且以事实为基础

____ ____ “令人难以忘怀”地陈述想法，为其他人创造意义

____ ____ 敢于陈述改革的愿景“草案”

____ ____ 在愿景中吸收其他人的想法

____ ____ 确定你的想法对公司的技巧所产生的影响

____ ____ 征求其他人的意见以检验愿景的可行性

总分→除以 15 →当前值 ____ ；期望值 ____

感召

当前值／期望值

____ ____ 在表达想法时传达出激情和信心

____ ____ 亲自践行设定的前进方法

____ ____ 暗含的价值

____ ____ 在征召别人时使用广泛的技巧

____ ____ 必要时联合对立的派别

____ ____ 利用多种场合强调你的想法

____ ____ 包容和拥抱别人——而不是排斥和疏远

总分→除以 10 →当前值 ____ ；期望值 ____

动力

当前值／期望值

____ ____ 必要时重新规定基本责任和义务

____ ____ 检查落实方案的“途径”，并予以推动

____ ____ 致力于获取“先期成功”，并宣传它们

____ ____ 把得到检验的新方法固定化为工作方式

____ ____ 检查并清除阻碍别人前进的主要障碍

____ ____ 让别人深信真正的危机感——不过也予以祝贺

总分→除以 10 →当前值 ____ ；期望值 ____

附录 2 有效领导者的典型特性

从领导者身上往往会发现下列这些特性，显然，任何领导者都不可能具备所有这些特性！

有紧迫感：

雄心勃勃
斩钉截铁
尽心尽职
喜欢竞争
认真负责
果断
严于律己
居高临下
充满活力
中心明确
以目标为导向
勤勉
积极主动
孜孜不倦
多产
顽强

胆量：

积极活跃
富有冒险精神
勇敢
自信
胆大
身体健康
主动进攻
马不停蹄
冒险
敏感

引人：

迷人
感同身受
善于聆听
谦逊
热情
举止文雅
易受感动
喜爱交际
关心他人

身心愉悦：

开朗
热情洋溢
快乐
充满希望
幽默
乐观
积极

英明：	有条不紊：	原则性强：	具有领袖气质：
警惕	适应性强	始终如一	可信
理性	灵活	坚定不移	能言善辩
富有创造力	处变不惊	可靠	振奋人心
好奇	深思熟虑	坦率	给人以动力
富有远见	有节制	公正	神秘
聪明	有耐心	坚决	超凡脱俗
机智	注重实效	忠贞不渝	引人注目
富有理解力	负责	公开	
富有洞察力	通情达理	尊重他人	
稳重	值得信任		

附录3 需要集中关注的领域

出色的领导者能够充分地有的放矢，他们清楚自己的领导能量应该集中用于哪个领域。虽然这听起来很简单，但正是由于缺乏这种集中意识，有抱负的领导者才没有意识到他们的全部潜力。

事例

设想你是一家较大的法律公司新当选的领导者。你如何在这个新职位上使用时间呢？

有些时候，你将不是在领导。你将对外代表该公司，或者为你的某个客户处理持续的诉讼案件。但是你是在领导吗？

作为一个杰出的战略家，你十分向往并会积极参与公司是否应该增设新领域的决策。不过这将会成为一个错误，最终你将管理这个方案，而不是领导这家公司。鉴于他们的贡献能力、他们能够为公司所带来的声誉、以及一旦他们参与就可以避免一些障碍，你的时间可能应该更好地用于诱使其他同事去监管这个方案。

领导者在哪个领域创建愿景、感召和动力部分地取决于他所领导的公司的规模。

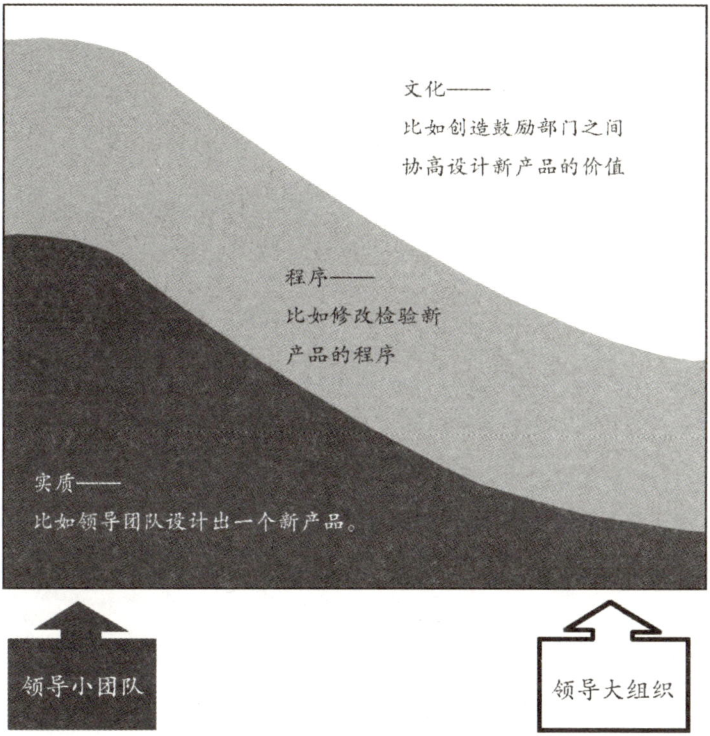

在被提升的过程中，领导者必须提防卷入太多的细节问题中去，这是没有处理文化问题的代价。

附录4 谋划愿景的进一步建议

标准	点评	建议
故事描述要充满激情 · 是对组织历史和需要的反应。 · 以市场实际情况，洞察力和远见为基础。 · 呈现出一个更加美好的明天。	不该这么做：“我们要创造出比其他任何财富500强企业更多的经济价值——跟我来吧。” 而应该这么做：像所有好故事一样，应该包括过去和将来作为参照。“我们曾经如何如何，可是就在那时发生了什么什么，结果导致如何如何。但是我预见到了什么什么，所以我们要如何如何，而且我们知道我们一定能够成功——尽管我们能够预见什么什么会拖后腿。”	· 回顾总结对组织的分析材料，广泛地检验。 · 获取数据；咨询专家。

（续表）

具有令人印象深刻的完整性 ·集中于必要的具体改革。 ·强调优先考虑的问题——包括需要采取的措施。 ·与可以衡量的目标相联系。	不该这么做："我们要让这个星球上的所有人都触手可及我们的产品"。 而应该这么做：像所有动听的故事一样，确保情节令人信服，次要情节与主要情节很好地连贯起来，并且这次冒险经历的高潮应该是总结性的。不过听众对动作和人物的微小细节并不感兴趣——挑战仅仅在于描绘关键的精彩部分。	·广泛涉猎以激发你的勇气和创造力。 ·通过询问挑选的听众进行检查并阐释涵义。 ·漫不经心地审视这个愿景：看主要观点是否还显而易见。确保你已经处理了整个旅程，而不仅仅是目的地。 ·问问"我们如何知道我们到达了目的地？"
充满意义 ·使人们的(工作)生活具有意义，激发他们的潜力。 ·诉诸更高的价值。	E.M.福斯特在《小说面面观》中写道："国王死了，接着王后也死了"不是一个故事。而"国王死了，接着王后也伤心致死"才是一个故事。在你刻画愿景时，要注意动用情感的力量；你在描绘人物，而不仅仅是财产。	·检查这个愿景能否为你所用；检查它有没有对人物，而不仅仅是财产做出描绘。 ·使用——或考虑使用——笑容、明喻和暗喻。 ·请求、借鉴、引用或集体讨论。
令人难忘 ·重新确定或者陈述观点的方式新颖。 ·能够在一个简短的结束语中得到总结。 ·与可以衡量的目标相联系。	还记得电影《大白鲨》吗？	——

附录5 让别人接受你的观点的12种方法

1. 从争论中获取最大好处的唯一方法就是不要争论。

2. 尊重别人的观点。永远不要说他们错了。

3. 如果你错了，那么一定要迅速果断地承认错误。

4. 以友好的方式开始。

5. 让别人迅速说“对，对”。

6. 让别人“口若悬河”。

7. 让别人感觉这个主意是他的。

8. 真诚地试着从别人的角度看问题。

9. 对别人的观点和希望表示理解。

10. 诉诸更高尚的动机。

11. 生动地表达你的观点。

12. 战胜挑战。

附录6 重申与强化改革愿景及方案信息的方法

领导者的直接行动

· 在例行的管理工作会议上，从根本上再次强调这个议程。

· 亲自介入那些将产生明显效果的决策：

——经理的提升；

——经理的调换；

——重大项目的人员配置；

——管理“缺乏”时的活动。

· 准确定位需要改革的具体方面。

由领导者鼓励的间接行动

· 改革培训课程。

· 改革招募面试过程中的书面要求（这强化了对面试者思想信息的考查）。

· 改变办公室、接待处和其他“公共场所”的物理布局。

· 创建新机构（比如创建“汉堡包大学”作为麦当劳的培训机构）。

领导者所说的话

· 在特别召开的会议上。

·作为以前设立的会议——比如销售员工大会——的一部分。

· 在非正式谈话中。

领导者所写的话

· 在公司时事通讯上。

· 在公司内部网上。

· 在外部媒介上（如果它将被发给员工的话）。

附录 7 提前预防经理们毫无帮助的举措

可能的不利举措	预防
没能抽出（足够的）员工来实施已取得一致意见的方案——不愿主动提供他们的下属，不愿为新方案的起步提供帮助，以为他们所在部门自己的方案“捞取”时间。	提前予以警告，并在早期获取他们关于资源的严格保证。
破坏示范方案（可能为了阻碍它们更大范围的展示）——比如，通过提前预测结果，或者通过散布它们没用的错误谣言。	在公共场合获得采用新方式的“约定”；采取生动体现新方式的措施；需要时提供培训或支持。
不断地示范或要求采取“旧”行为，而不是“新”行为——比如抑制而不是发扬诸如企业家身份之类的新价值。	在公共场合获得采用新方式的“约定”；采取生动体现新方式的措施；需要时提供培训或支持。
在提前预防或纠正这些行为时，请参照《征召与联合》和《权力与影响力》中讲述的策略。	——

附录8 与管理者相对照的领导者

"愿景"方面的区别

管理者	领导者
正确地做事	做正确的事
关注现在、短期发展和底线	关注将来、长期发展和前景
寻求秩序	喜欢变革
避免冒险	喜欢冒险
更多地诉诸理智而非情感	既诉诸理智，又诉诸情感

"感召"方面的区别

管理者	领导者
借助控制手段	依靠信任
创建并组织团队	征召联合员工并向新方向前进
使用激励措施	鼓舞
诉诸"正式"方式	诉诸共同的事业
强调结构、策略和体制	强调核心价值、共同利益和哲学

“动力”方面的区别

管理者	领导者
以效率为目标	关注效用
问“如何”、“什么时候”	问“什么”、“为什么”
管理	改革
乐观地接受严密约束	绕开规则和政策，或改变它们
行使职务权力	运用个人影响力

红旗出版社
RED FLAG PRESS
推动进步的力量

图书在版编目（CIP）数据

哈佛领导课 /（英）马克斯·兰茨伯格著；卞学光等译．
— 北京：红旗出版社，2017.3
书名原文：The Tools of Leadership
ISBN 978-7-5051-4108-7
Ⅰ．①哈… Ⅱ．①马… ②卞… Ⅲ．①领导学—通俗读物
Ⅳ．① C933-49
中国版本图书馆 CIP 数据核字（2017）第 053355 号
北京市版权局著作权合同登记号：图字 01-2017-1410 号

书　　名　哈佛领导课
著　　者　（英）马克斯·兰茨伯格
译　　者　卞学光 等
出 品 人　高海浩　　　　责任编辑　赵智熙
总 监 制　李仁国　　　　封面设计　王　鑫
出版发行　红旗出版社　　地　　址　北京市沙滩北街 2 号
邮政编码　100727　　　　编 辑 部　010-57274504
E-mail　hongqi1608@126.com
发 行 部　010-57270296
印　　刷　三河市春园印刷有限公司
开　　本　620 毫米 ×889 毫米　1/16
字　　数　100 千字　　　印张　14
版　　次　2017 年 5 月北京第 1 版　2017 年 5 月北京第 1 次印刷
ISBN 978-7-5051-4108-7　　定价　46.00 元

欢迎品牌畅销图书项目合作 联系电话：010-57274627
凡购本书，如有缺页、倒页、脱页，本社发行部负责调换。